Gewaltfreie Kommunikation

Andreas Basu
Liane Faust

3. Auflage

Haufe.

Inhalt

Vorwort

Kommunikation bestimmt unseren privaten wie beruflichen Alltag. Kaum ein Tag vergeht, an dem nicht mit ihrer Hilfe Probleme zu lösen, kleinere oder größere Kontroversen zu überbrücken sind. Unsere Sprache macht unsere Haltung gegenüber anderen sichtbar und bestimmt, ob wir eher zusammen oder weiter auseinander kommen. Der häufigste Grund, weshalb Grabenkämpfe, Streitigkeiten und bisweilen regelrechte Kriege entstehen, ist: Wir glauben, andere seien für unsere Gefühle verantwortlich.

Gewaltfreie Kommunikation ist eine Lebenshaltung, die dazu befähigt, Verantwortung für die eigenen Anliegen zu übernehmen. Außerdem ist es eine radikal einfache Methode, mit der Sie Konfliktlösungen aushandeln können, von der alle Beteiligten profitieren.

Dieser TaschenGuide zeigt, wie Sie Verantwortung für Ihre Gefühle übernehmen und Menschen unabhängig von Status, Geschlecht oder Kultur erreichen können. Schritt für Schritt lernen Sie die erforderlichen Elemente dazu kennen und erfahren, wie Sie diese in Gesprächsprozessen anwenden. Mit Herz und Verstand handeln Sie im Einklang mit Ihren Werten. Kurz: Ich möchte Sie mit diesem TaschenGuide dabei unterstützen, eine Beziehungs- und Konfliktintelligenz aufzubauen, die Ihnen die Chance gibt, das Leben zu kreieren, das Sie sich wünschen.

Andreas Basu

Vom Gegeneinander zum Miteinander

Überall Konflikte, jeder will gewinnen, keiner verlieren? Win-win ist in letzter Zeit zum Zauberwort für Konfliktlösungen und Verhandlungen geworden.

Im folgenden Kapitel erfahren Sie,

- was Win-win eigentlich ist,
- warum das Handwerkszeug und die Lebenshaltung der Gewaltfreien Kommunikation dazu dienen, Konflikte nachhaltig zu lösen,
- was Konflikte genau genommen sind und warum es uns so schwer fällt, damit umzugehen,
- wie wir mit unserer Sprache Gewalt ausüben und was „gewaltfrei sprechen" bedeutet.

Das Leben schöner machen

- Mehr als 50 % aller Projekte verfehlen ihre Ziele aufgrund von zwischenmenschlichen Problemen (Chaos Studies 2009, Standish Group).
- Die aktuelle Scheidungsrate in Deutschland liegt bei 50 % (Statistisches Bundesamt 2013).
- Nur 15 % der Angestellten fühlen sich mit ihrem Arbeitgeber verbunden. Der Rest macht Dienst nach Vorschrift oder hat bereits innerlich gekündigt (Gallup Institut 2012).
- Immer mehr Menschen klagen über Stress, Mobbing und Burnout am Arbeitsplatz.

Auch wenn diese Zahlen etwas anderes vermuten lassen, behaupte ich: Uns wurde das Miteinander in die Wiege gelegt. Eigentlich genießen wir es, das Leben von uns und anderen schöner zu machen. Wie komme ich zu so einer These angesichts eines Alltags, der gekennzeichnet ist von Problemen und Konflikten, die Mitarbeiter, Chefs, Eltern und Partner zu lösen haben?

Wir Menschen sind, wie der Verhaltensforscher Desmond Morris schreibt, von jeher auf Kooperation und Hilfsbereitschaft ausgelegt – ohne diese Qualitäten hätten wir weder Mammuts erlegen, noch die Erde so weitläufig bevölkern können. Leider haben wir uns von klein auf daran gewöhnt, dass es nur zwei Möglichkeiten gibt: gewinnen oder verlieren. Im Film erleben wir den Held und den Loser, wir sehen in Wimbledon den Gewinner jubeln, der Verlierer wird bald vergessen. Wer hat das höchste Gehalt, das größte Auto, den größten Marktanteil ...? Übertragen auf zwischenmenschliches Miteinander stellt sich vielen die Frage, wie sie zu den Gewinnern zählen können. Keiner will zu den Verlierern gehören. Daraus entsteht der alltägliche Kampf ums Überleben. Wir denken, es gäbe nicht genug für alle. Daher fällt uns eine ganz naheliegende Alternative kaum mehr ein: Wie wäre es, wenn alle gewinnen?

Win-win – was ist das eigentlich?

Der Begriff Win-win aus der Transaktionsanalyse ist inzwischen in vielen Firmen zum Schlagwort geworden, bisweilen auch zum Modewort. Denn, wenn ich Mitarbeiter frage, wie sie einen Konflikt lösen oder eine Verhandlung führen wollen, höre ich oft: „Nun, da müssen wir eben eine Win-win-Situation herstellen!" „Und wie geht das?" „Äh, ja ... hhmm ...?" Also zu schön, um wahr zu sein? Ich zeige Ihnen in diesem TaschenGuide, wie Sie Win-win-Situationen Schritt für Schritt herstellen, also Lösungen kreieren, die beide Parteien zufriedenstellen. Denn die Krux scheint im Detail zu liegen.

Die Abbildung auf der nächsten Seite zeigt, dass alles Wissen über die Methodik Sie nicht zum Ziel führt, wenn es nicht auf der geeigneten Haltung basiert. Denn aus der inneren Haltung entsteht unser äußeres Verhalten. Nur mit der Haltung „Ich bin OK – Du bist OK" haben Sie die Chance, Win-win-Ergebnisse herbeizuführen.

Haltungen und Verhalten in Konflikten

Eigentlich wollen alle Menschen, die ich treffe, in den Quadranten rechts oben, denn in Beziehungen hat keiner etwas dagegen, dass andere gewinnen, wenn er selbst auch gewinnt. In dem Lernprozess auf dem Weg dorthin geht es also darum, die erforderliche Haltung zu entwickeln und sich das geeignete Handwerkszeug zuzulegen. Die Elemente der Gewaltfreien Kommunikation (GFK) unterstützen Sie auch in schwierigen Situationen dabei, immer wieder in diese Haltung zu kommen.

Wozu Gewaltfreie Kommunikation?

- Sie möchten in emotional schwierigen Situationen öfter Souveränität und Ruhe bewahren?
- Sie würden gerne Vorwürfe und Kritik weniger persönlich nehmen?
- Sie fragen sich, wie Sie mit Ihrem Ärger umgehen können, ohne Ihre Beziehung zu riskieren?
- Sie fragen sich, wie Sie es fördern können, damit andere nicht Ja sagen und Nein tun?

Wenn Sie einige Fragen mit Ja beantworten, finden Sie mit der GFK ein Handwerkszeug und eine Lebenshaltung, die dazu dienen, Konflikte konstruktiv auf Augenhöhe zu klären und nachhaltige Lösungen zu kreieren. Sie lernen, erfüllende Beziehungen zu gestalten und mit sich in Frieden zu kommen.

Wieso „gewaltfrei"?

Der Begriff „gewaltfrei" ist abgeleitet aus dem indischen Sanskrit-Begriff „Ahimsa", den Mahatma Gandhi benutzte. Ahimsa umfasst dabei mehr als nur gewaltfreien Widerstand oder gewaltfreie Handlungen. Ahimsa bezeichnet eine Lebenseinstellung, die grundsätzlich eine Schädigung und Verletzung anderer vermeidet. Dazu gehört auch die Veränderung der eigenen Gedankenwelt mit möglichen Feindbildern und einer Sprache, die andere für die eigenen Gefühle verantwortlich macht und damit die Eskalation von Konflikten fördert.

Ein häufiges Missverständnis von Gewaltfreiheit ist die Gleichsetzung mit „Wir haben uns alle lieb", Passivität und Tatenlosigkeit. Gewaltfreiheit beinhaltet, Konflikte aktiv anzugehen, statt sie zu verdrängen. Ebenso wenig wie Gandhi spricht Dr. Marshall B. Rosenberg (Begründer der Gewaltfreien Kommunikation und internationaler Konfliktmediator) von absoluter Gewaltfreiheit. Sollte es einmal nur die Wahl geben zwischen „Gewalt hinnehmen" und „Gewalt anwenden", würden beide Gewaltanwendung bevorzugen – auch wenn sie überzeugt sind, dass die Gewaltfreiheit der Gewalt überlegen ist.

Dr. Rosenberg unterscheidet zwischen „strafender Anwendung von Macht" und „beschützender Anwendung von Macht". Beschützende Machtanwendung versucht, Verletzung oder Ungerechtigkeit zu verhindern. Weder bestraft sie, möchte Schmerz oder Reue hervorrufen, noch versucht sie, eine Verhaltensänderung zu erzwingen. Ein Beispiel dafür ist, ein Kind am Arm von der Straße zu reißen, bevor es von einem herannahenden Fahrzeug überfahren wird.

In der Beratungspraxis sind unternehmenstauglichere Synonyme für GFK synergetische, konstruktive oder wertschätzende Kommunikation.

Was Sie mit der GFK lernen

- Auf den Punkt zu kommen und an Fakten orientiert, leidenschaftlich, aber fair zu streiten.
- Gefühle und Bedürfnisse auszudrücken, ohne andere zu beschuldigen, zu bewerten oder zu kritisieren.

- Bitten klar zu formulieren, ohne anderen zu drohen, sie zu manipulieren oder zu erpressen.
- Tragfähige Lösungen zu entwickeln, die die Anliegen aller Beteiligten erfüllen, anstatt faule Kompromisse zu schließen, die bald wieder in Frage gestellt werden.
- Auf integre Art und Weise Einfluss zu nehmen und in Hierarchien auf Augenhöhe Gespräche zu führen.
- Vorwürfe, Kritik und Forderungen nicht persönlich zu nehmen, sondern die unausgesprochenen Gefühle und Bedürfnisse, die hinter diesen Aussagen stehen, wahrzunehmen.
- Auf dem Weg zu einer Konfliktlösung weder das eigene Anliegen aufzugeben, noch die Beziehung zu den Mitmenschen aufs Spiel zu setzen.

Was zeichnet Gewaltfreie Kommunikation aus?

Eine Methode, die auch noch nützlich sein soll, wenn Sie unter Druck stehen, braucht vor allem Einfachheit und Effizienz:

- **Die GFK ist übersichtlich und sofort anwendbar:** Ein Klavier mit vier Tasten können auch Sie lernen zu spielen! Die GFK kommt mit vier Elementen aus: Beobachtung, Gefühl, Bedürfnis und Bitte (siehe dazu ausführlich Kapitel „Sich aufrichtig zeigen"). Dadurch können Einsteiger sofort in die Anwendung gehen. Sie spüren schon bei den ersten Übungen, wie sich Stress und Anspannung lösen und Neugier und Zuversicht Platz machen. Sie erhalten das Handwerkszeug, um auch verfahrene und komplexe Situationen zu entwirren.

- **Einer genügt:** Eine häufige Frage lautet: „Muss mein Gegenüber die GFK ebenfalls kennen, damit sie funktioniert?" Auch wenn es einfacher ist, wenn beide die Fähigkeiten mitbringen: Nein! Denn ein wichtiger Bestandteil ist, den anderen abzuholen, wo er ist. Sie „verleihen" ihm Ihre Fähigkeiten für die Dauer des Konflikts.

> Wenn Sie jemanden mit auf eine Reise nehmen wollen, heißt es, ihn abzuholen, wo er ist, und nicht wo Sie sind.

- **Unabhängig von der Kultur und den Rahmenbedingungen:** Ob Sie Verhandlungen in Japan führen, ein Gespräch mit einem „schwierigen" Mitarbeiter planen, Menschen unterschiedlicher Nationen am Verhandlungstisch haben oder das nächste Urlaubsziel mit der Familie festlegen wollen – alle Menschen teilen universelle Bedürfnisse. Kulturen unterscheiden sich nur durch die Handlungsoptionen, die sie benutzen, um diese zu erfüllen, z. B. wird Nähe in Italien anders gelebt als in Japan. Wenn Sie sich die Fähigkeit erwerben, Bedürfnisse zu erkennen und in der Sprache der anderen zu benennen, können Sie auch Kulturgräben überwinden (siehe dazu das Kapitel „Empathisch hören").
- **Erprobt unter härtesten Bedingungen:** Die GFK beruht auf den Forschungen von Dr. Marshall B. Rosenberg, die er

in mehr als 40 Jahren entwickelt und weltweit erfolgreich eingesetzt hat – bei Stammeskonflikten in Ruanda, in Kriegsgebieten auf dem Balkan oder in Afghanistan. Ganz gleich, ob Manager, Polizisten, Ärzte, Anwälte, Kinder, Lehrer oder Eltern mit ihm arbeiteten, die GFK ist universell anwendbar in den vermeintlich schwierigsten Situationen.

- **Gibt es Situationen, in denen die GFK nicht funktioniert?** Ja, tausende: In jeder Situation, in der Sie Ihre wertschätzende Haltung verlieren.

Beispiel:

Karin ruft aus dem Kinderzimmer zu ihrem Mann: „Guck mal, Hans, Robby kann Madagaskar sagen. Zum ersten Mal ein Wort mit vier Silben!" Hans kommt ins Kinderzimmer: „Toll, Robby! Was hast du gerade gesagt?" Robby stolz: „Madagaskar." „Willst du noch ein Wort mit vier Silben lernen?" Der zweijährige Robby schaut fragend. Hans: „Rhinozeros ... Komm, probier's mal: Rhino ..." Robby: „zos." Hans geduldig: „Rhino ..." Robby: „zos." Hans, etwas weniger geduldig: „Nein, Rhino-zeros! Sag's mal." Robby: „Madagaskar."

Jeden Augenblick haben wir die Wahl, Recht haben zu wollen oder glücklich sein zu wollen. Beides zusammen geht nicht. (Marshall B. Rosenberg)

Die zwei Bereiche der Gewaltfreien Kommunikation

Oft höre ich die Bitte: „Geben Sie mir das Rezept, wie ich mit Menschen umgehen kann, so dass ich das bekomme, was ich will." Leider ist es nicht so einfach. Zwischenmenschliche Situationen folgen nicht statischen Regeln, sondern unterliegen dynamischen Veränderungen: Ein Satz folgt reaktiv auf den anderen, Worte kommen bisweilen ganz anders an, als gemeint. Wie nun mit dem Missverständnis umgehen, ohne noch mehr ins Fettnäpfchen zu treten? Wir brauchen eine einfache Methodik, die der natürlichen Lebendigkeit und spontanen Veränderung von Gesprächsprozessen folgt. Zwei Bereiche sind dazu in der Gewaltfreien Kommunikation von Bedeutung: sich aufrichtig zeigen und empathisch hören. Sie werden als liegende Acht dargestellt.

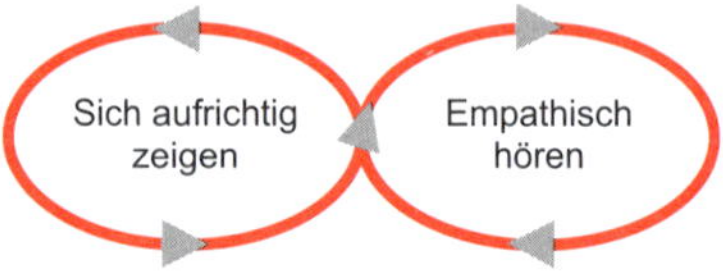

Die zwei Bereiche

In der Gesprächssituation wechselt die Aufmerksamkeit zwischen diesen Bereichen oft mehrfach hin und her:

- mich aufrichtig zeigen und sagen, was ich brauche und
- empathisch hören, was der andere braucht.

Durch meist mehrfaches Durchlaufen der einzelnen Ovale und den Wechsel zu dem jeweils anderen Oval entsteht die nötige Klarheit, was beide Gesprächspartner brauchen, um zu einem Win-win-Ergebnis zu kommen. Wie Sie die Methode im Einzelnen anwenden, erfahren Sie im Kapitel „Sich aufrichtig zeigen".

Konflikte verstehen

Sie werden im Folgenden viel über Konflikte lesen, Grund genug, einmal näher hinzusehen. Was ist ein Konflikt? Ein Konflikt ist eine Situation, in der mindestens zwei Bedürfnisse zu kurz kommen und die Handlungsoptionen, um diese Bedürfnisse zu erfüllen, nicht miteinander vereinbar sind.

Beispiel: Fernsehen

Ein Ehepaar: Er kommt zum vierten Mal in dieser Woche abends müde nach Hause und sagt, er brauche jetzt seine Ruhe und wolle fernsehen. Sie möchte nach dem ganzen Tag mit Haushalt und Kindern mit ihm über ihren Tag sprechen und nicht fernsehen. Die Handlungsoptionen „fernsehen" und „nicht fernsehen" sind offensichtlich unvereinbar. Ein Konflikt ist entstanden.

- Sind Konflikte vermeidbar? Nein, sie gehören zu unserer Natur und sind ein wichtiges Element unserer Entwicklung, sie fördern Kreativität, Innovation, Wachstum und Lernen.
- Ist Gewalt vermeidbar in Konflikten? Ja, laut Forschungen von Paläontologen nutzen wir erst seit ca. 10 000 Jahren Gewalt zur „Konfliktlösung" – eine ermutigend kurze Zeit im Vergleich zu den ca. 2 Mio. Jahren friedlicher Koexistenz der Menschen (The Third Side, William Ury).
- Weshalb mögen wir keine Konflikte? Weil wir die Erfahrung gemacht haben, dass sie eskalieren und zu grenzverletzenden Übergriffen führen können. Zum Beispiel, wenn die Beteiligten sich gegenseitig unter Druck setzen, sich zurückziehen oder an einer gemeinsamen Lösung gar nicht interessiert sind. Am Ende bleibt mindestens ein Verlierer übrig, das Verhältnis ist belastet oder gar zerstört.

- Was fördert Konflikte? Früh geprägt durch Erziehung und Kultur lernen wir Grundregeln des Lebens, die uns helfen sollen, das Leben zu durchlaufen. Leider basieren einige auf Überzeugungen, die von Generation zu Generation weitergegeben werden und Konflikte nur verstärken. Solche unreflektiert übernommenen Standpunkte sind z. B.:

  Dualität, die keinen dritten Weg erkennen lässt: Es gibt Dinge, die sind richtig und andere, die sind falsch. Es gibt gute und böse Menschen.

  - Sätze wie „Wie kannst du mir das antun?" suggerieren uns, wir seien für die Gefühle des anderen verantwortlich (und er für unsere Gefühle).
  - Wir denken, andere könnten schmerzhafte Gefühle in uns verursachen: „Du hast mich total verletzt mit deinen Worten!"

Weil diese Überlieferungen Teil unseres (sprachlichen) Alltags geworden sind und kaum mehr bewusst wahrgenommen werden, ist es schwer, sie zu entschlüsseln. Einige Schlüssel finden Sie in den Kapiteln „Sich aufrichtig zeigen" und „Empathisch hören".

Heiß oder kalt – Konfliktarten

Ein Konflikt ist nicht unbedingt gleichbedeutend mit einem Streit. Wenn Ihnen dies bewusst ist, können Sie Konflikte zu einem Zeitpunkt ansprechen, wo Sie noch achtsam und respektvoll miteinander umgehen können. Gelingt es Ihnen, vor dem Erreichen der persönlichen Grenzen ein Stopp deutlich zu machen, haben Sie mehr Reserven, wenn der andere zunächst noch weiter geht. Dazu ist es hilfreich, die zwei typischen Arten von Konflikten zu kennen, die ich angelehnt an die Arbeiten von Prof. Friedrich Glasl unterscheide: heiße und kalte Konflikte.

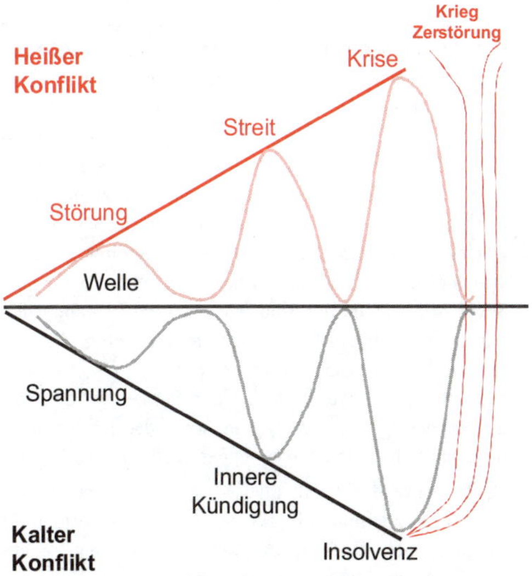

Zwei grundlegende Konfliktarten

Heiße Konflikte – heiße Gefühle

Heiße Konflikte werden offen emotional ausgetragen, sind offensichtlich und daher leichter adressierbar. Sie beginnen meist damit, dass einer der Beteiligten ein Problem hat. Sie können gelöst bzw. vertagt werden oder sich von selbst erledigen, weil wichtigere Bedürfnisse die Priorität bekommen. Bleibt die Priorität des Anliegens erhalten und der Fall tritt wieder auf, haben heiße Konflikte die Neigung zu eskalieren. Geht es um Grundsatzthemen oder häufen sich die Konflikte, führen diese auch zu Krisen und Trennungen.

Beispiel: Ich dachte, Sie wüssten das!

Herr Mayer bekommt immer wieder anspruchsvolle Aufgaben anvertraut. Obwohl das letzte Projekt sehr erfolgreich war, gab es kein Wort der Anerkennung von seinem Chef. Er ärgert sich und spricht dies bei der Sekretärin an: „Er könnte auch mal sagen, dass das gut gelaufen ist, oder?" Darauf die Sekretärin: „Macht er bei mir auch nicht, so ist er halt. Damit müssen Sie schon leben!" Auch das nächste Projekt läuft gut, auf ein positives Feedback wartet er vergeblich. Beim nächsten Mitarbeitergespräch, in dem sich der Chef sehr zufrieden zeigt, fragt Herr Mayer nach: „Wenn Sie so zufrieden mit mir sind, wieso warten Sie dann ewig darauf, mir das mitzuteilen?!" Der Chef verdutzt: „Ich dachte, Sie wüssten das!" Herr Mayer: „Ja woher denn, wenn Sie es nicht sagen? Meinen Sie, mir würde bei all den Problemen, die ich für das Unternehmen löse, und all dem Ärger, den ich Ihnen vom Hals halte, nicht mal ein anerkennendes Wort gut tun?"

Jetzt könnte der Konflikt leicht in einen Streit eskalieren. In diesem Fall übernimmt jedoch der Chef Verantwortung für seinen Anteil an der Situation: „Könnte was dran sein, so etwas hat meine Frau auch schon zu mir gesagt."

Dieses Beispiel zeigt: Streit ist nur *eine* Form von Konfliktaustragung und auch heiße Konflikte müssen keineswegs immer in Streit münden.

Kalte Konflikte – wortlose Spannung

Kalte Konflikte werden im Gegensatz dazu ohne verbale Kommunikation der Beteiligten ausgetragen – das Thema ist präsent, ohne präsentiert zu werden. Die Eskalation geht von der Spannung über die „innere Kündigung" bis hin zu Sabotageakten. In der höchsten Eskalationsstufe explodieren kalte Konflikte meist und gehen über in einen zerstörerischen heißen Konflikt, der in Vernichtung und Krieg münden kann.

> Eine Bedrohung, die alle Welt wahrnimmt, über die jedoch niemand spricht, ist sehr viel destruktiver als eine Gefahr, die offen zutage tritt und in Angriff genommen wird. Wie die Menschen sind auch die Unternehmen zumeist so krank wie ihre Geheimnisse. (Richard Pascale)

Beispiel: Der Schein trügt

Herr Gutensohn, einst bester Fachmann der Gruppe, ist zum Gruppenleiter eines Entwicklungsteams befördert worden. Der frühere Chef hat aus seiner Sicht zu oft die Leine locker gelassen, also zeigt sich Herr Gutensohn sehr entscheidungsfreudig. Seine Mitarbeiter sind irritiert, immer wieder von einsamen Entscheidungen zu hören, die außerhalb der Meetings getroffen wurden. Der Termindruck ist groß, gesprochen wird darüber nur in der Kaffeepause. Einige sagen „Die neue Position ist ihm wohl zu Kopf gestiegen", „Der muss wohl jetzt den Chef heraushängen lassen". Im Wochenmeeting werden Projekte, Budgets und Maßnahmen durchgegangen. Das Führungsthema bleibt unausgesprochen. Herr Gutensohn am Ende der Besprechung: „Soweit alles klar? Noch irgendwelche Fragen?" Keiner antwortet. „Na wunderbar, dann scheint ja alles klar zu sein."

Die nächste Besprechung verläuft ähnlich, so dass Herr Gutensohn vermutet, der Bedarf an Besprechungen sei einfach nicht so groß. Er verkündet: „Meine Herren, ich denke, da es ja in den letzten Wochenmeetings nicht so viel zu bereden gab, dass wir ab sofort das Meeting nur noch monatlich machen. Ist ja auch genug zu tun. Dieser Meetingwahn bringt eh nichts." Er merkt, dass dies nicht gerade viel Begeisterung auslöst, vermutet darin, dass die Kollegen ihm die neue Führungsrolle noch nicht zugestehen, und hofft, dass die Zeit die Wunden derer heilt, die nicht Abteilungsleiter wurden.

Wenn der Konflikt weiterhin nicht offengelegt wird, ist abzusehen, dass die Mitarbeitermotivation nachlässt und der Teamerfolg auf dem Spiel steht. Um kalte Konflikte besser zu verstehen, führen Sie sich Folgendes vor Augen: Wenn Menschen kommunizieren tauschen Sie sich nicht nur sachlich, sondern zu 90 % auch über Ihre Beziehung zueinander aus. Dem Eisbergmodell entsprechend (siehe unten), befinden sich diese 90 % unter der Oberfläche. In Hierarchien ist die Haltung meist von Misstrauen und Feindbildern geprägt. Sie drücken sich z.B. über Tonfall und Körpersprache aus. Weniger als 10 % der Verständigung ist verbal.

„Wir haben keine Konflikte bei uns!"

Auswertungen zahlreicher Seminare zeigen: In Unternehmen sind mehr als 90 % der Konflikte kalte Konflikte. Gerade in Konstellationen, in denen Unsicherheit, unausgesprochene Spielregeln, Angst und strukturelle Macht in strengen Hierarchien herrschen, nimmt die Neigung zu, Konflikte kalt auszutragen. Diese sind insbesondere dadurch für das Miteinander so gefährlich, weil sie tabuisiert und nicht von den Beteiligten angesprochen werden. Und meistens werden sie erst wahrgenommen, wenn es zu spät ist, wie die Beispiele der Immobilienblase, der Automobilfirmen in den USA oder von Amokläufern deutlich machen. Der Preis dafür ist immens. Konfliktklärung ist wie Surfen. Eine kleine Welle ist leichter zu surfen. Warten Sie nicht, bis die Welle so groß ist, dass Sie sie nicht mehr alleine bewältigen können. Sie können viel zur Deeskalation beitragen, auch ohne Profi zu sein.

Beispiel: Teamkultur

Über Jahre erfolgreiche Teams, zeichnen sich u.a. dadurch aus, dass sie sich bewusst sind, dass neben den Sachthemen permanent Beziehungsthemen, heiße wie kalte, im Raum sind. Sie nehmen sich jedes Jahr ein bis zwei Auszeiten, um diese Themen auf den Tisch zu bringen und zu bearbeiten.

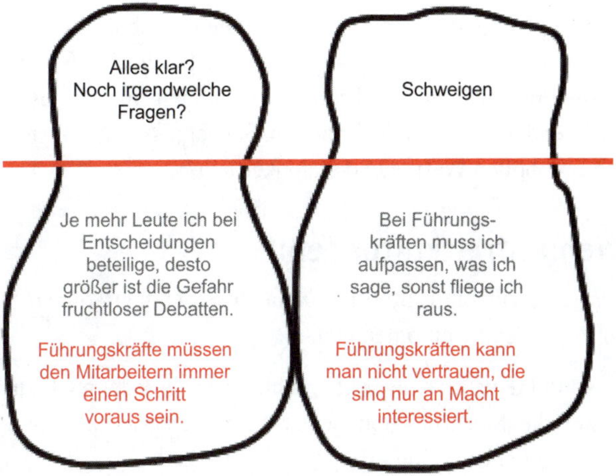

Eisberge kollidieren meist unter der Wasseroberfläche

Konflikte in Unternehmen – eine Chance

In den letzten Jahrzehnten wurden Prozesse optimiert, Balanced Scorecards und Projektmanagement eingeführt, Visionen, Werte und Leitbilder aufgestellt ... Und doch, sagt Winfried Berner, ein bekannter Unternehmensberater, bleibt der wesentliche Prozess des Miteinanders das große Rationalisierungspotenzial, denn in diesem Bereich erleiden alle Unternehmen und Organisationen teure Verluste: Reibungsverluste. Besonders in Unternehmen, die wenig Streitkultur entwickelt haben, herrscht statt Harmonie eine explosive Scheinharmonie, die sich in demotivierten Mitarbeitern, hohen Krankenständen, Fluktuation der besten Mitarbeiter, lähmenden Grabenkämpfen und Mobbing äußert. In der Folge kämpfen viele dieser Unternehmen mit Fehlentscheidungen und daraus resultierenden finanziellen Einbußen. Sie verpassen Marktchancen und büßen Wettbewerbsfähigkeit ein.

Wenn Streitkultur fehlt

Gering ausgeprägte Streitkultur in Unternehmen können Sie an folgenden Symptomen erkennen:

- Konflikte werden als Systemfehler gesehen oder als Angriff auf die Machtposition gewertet. Sie entwickeln sich im Verborgenen weiter.
- Fehler werden als Versagen moralisch bewertet. Die Angst vor Strafe motiviert Mitarbeiter, sich zu schützen und Fehler zu vertuschen, anstatt sie als wichtige Feedback-Quelle zum Lernen zu nutzen.
- Gefühle wie Angst, Hilflosigkeit, Resignation, Ohnmacht und Überforderung sind, obwohl real vorhanden, nicht erlaubt. Die Energie, um Auswege zu finden, wird investiert in das Kaschieren der eigenen Gefühlslage, in fruchtlose Debatten, faule Kompromisse und zerstörerische Macht-

spiele. Energie, die für die eigentliche Arbeit benötigt wird, geht verloren, ganz zu schweigen von der Gelöstheit, die Kreativität erfordert.

Inmitten von Schwierigkeiten liegen Gelegenheiten. (Albert Einstein)

In Hierarchien auf Augenhöhe kommen

Für eine positive Streitkultur in Unternehmen ist ausschlaggebend, wie die hierarchische Ordnung auf die Mitarbeiter wirkt. Verhalten sie sich unterwürfig, abfällig oder wird auf Augenhöhe miteinander gesprochen? Letzteres ist für die meisten, unabhängig von ihrer Position, immer wieder eine Herausforderung. Je nachdem, wie wir im Elternhaus aufgewachsen sind und wie wir gelernt haben, uns auseinanderzusetzen, werden wir agieren.

Tappen Sie nicht in die Dualitätsfalle

Wenn wir aufgewachsen sind in einem Erziehungs- und Glaubenssystem von „richtig" und „falsch", werden wir nach der „richtigen" Lösung suchen. Richtig könnte dann sein: Der Chef setzt sich durch, denn er muss für Ordnung sorgen. Oder „richtig" könnte sein: Die Mitarbeiter unterwerfen sich, denn sie haben allein dem Unternehmen zu dienen, ihre Bedürfnisse sind nicht so wichtig (wie die der anderen). Oder „richtig" wäre: Sei still und gefährde nicht den Betriebsfrieden. Es gibt noch viele solcher Möglichkeiten, ihnen gemein ist eine Haltung des „Es-kann-nur-einer-gewinnen".

Was wir für Win-win brauchen, ist eine Haltung des „Sowohl-als-auch" anstatt eines „Entweder-oder".

Die Haltung des „Sowohl-als-auch“ zu entwickeln, fällt den meisten schwer, da nicht nur zu Hause und im Betrieb, sondern auch in vielen Medien der Fokus auf Gegensätzen, statt auf Gemeinsamkeiten liegt: Täter/Opfer, gut/böse, oben/unten. Wir lernen, dass Macht ungleich verteilt ist und dass sie dazu verleitet, sie gegenüber anderen auszunutzen.

Macht mit statt über Menschen

Erst seit ca. 10.000 Jahren haben wir die Kooperation aus den Augen verloren – zu dieser Zeit begannen sich viele Hierarchien zu bilden. Hierarchien legen fest, wer wem Weisungen erteilen kann, sie bilden also ein Machtgefüge. In strengen Hierarchien kann Macht einseitig ausgeübt werden. Das bedeutet, es werden eigene Bedürfnisse erfüllt, ohne Rücksicht auf die Bedürfnisse anderer. Der Versuch, sich dagegen zu wehren, führt zur Rebellion, die das gleiche nur von „unten“ versucht. Das Machtspiel beginnt. Der Begriff von Macht ist aufgrund solcher Mechanismen inzwischen so negativ geprägt, dass sich viele nicht mehr offen damit identifizieren wollen. Doch wer möchte nicht gerne:

- Einfluss nehmen auf den Verlauf seines Lebens,
- sich selbst verwirklichen und die Welt kreativ gestalten,
- seine Fähigkeit nutzen, um die Welt ein Stück schöner zu machen?

Dies sind ebenfalls Formen von Macht. Macht, die vermutlich jeder mag. Was ist der Unterschied? Ich vermute, wir wollen Einfluss nehmen auf integre Weise – uns unseren Zielen nähern, ohne anderen zu schaden. Oder gar so, dass diese synergetisch mit-machen, also etwas Neues entsteht, das mehr ist als die Summe der Einzelteile? Ich nenne dies „Macht mit Menschen". Das heißt, anderen auf Augenhöhe zu begegnen, sie zu meinen Unterstützern zu machen. Wer im Streit das Anliegen der anderen genauso ernst nimmt wie das eigene, schafft die Grundlage, um nach Möglichkeiten zu suchen, die beide zufrieden machen (ein Gesprächsbeispiel hierzu finden Sie im Abschnitt „Konstruktive Gespräche im Unternehmen").

Wie Sie als Führungskraft profitieren

Wenn Sie als Führungskraft Ihren Mitarbeitern auf Augenhöhe begegnen, erzielen Sie viele positive Effekte:

- Sie verstehen „schwierige Mitarbeiter" leichter und können auf deren Einwände konstruktiv eingehen, ohne Ihren eigenen Standpunkt aufzugeben.
- Sie gewinnen an Autorität und können auf autoritäres Verhalten verzichten, ohne in ein „Laisser-faire" zu verfallen.
- Sie gestalten effizientere und zielführendere Besprechungen, anstatt, wie in den meisten Unternehmen, 30 % Ihrer Zeit für (unterschwellige) Konflikte zu verwenden.
- Wenn Sie die Grundprinzipien in Ihrem Team verankern, werden Ihre Mitarbeiter Probleme und Konflikte zunehmend selbst lösen.
- Sie fördern ein Betriebsklima, in dem die innere Motivation der Mitarbeiter mit Blick auf den Unternehmenszweck im

Vordergrund steht und nicht Entlohnung, Titel oder Rangabzeichen.

- Sie fördern die interne Kommunikation und beschleunigen Entscheidungen, ohne die Akzeptanz der Betroffenen zu verlieren. Die Rentabilität wird erhöht und der Unternehmenswert erhalten bzw. gesteigert.

Kommunikation ist das Hauptwerkzeug des Managements. Ihre Haltung bestimmt Ihr Denken. Ihr Denken beeinflusst Ihre Worte. Worte entfalten Wirkungen, die aufbauen oder zerstören.

Gewaltfrei sprechen

Nehmen wir an, einer Ihrer Mitarbeiter kommt zum dritten Mal hintereinander zur Montagsbesprechung statt um 8 Uhr erst um 8:10 Uhr. Sie und Ihre Mitarbeiter warten, bis er eintrifft. Jetzt ist Ihre Geduld am Ende, was sagen Sie? – Viele reagieren mit Vorwürfen, Anklagen, drohen mit Strafen.

Gewalt in unserer Sprache

In den letzten Tausenden von Jahren haben wir eine Kriegssprache mit einem Arsenal an sprachlichen „Waffen" entwickelt. Diese Sprache ist gerade in kritischen Situationen alles andere als wohlwollend und wird nicht mehr als eskalierend wahrgenommen: „Ist doch normal, so zu sprechen!" Kurzfristig wirken diese Waffen und Sie bekommen vielleicht sogar, was Sie wollen, doch nachhaltig wirkt vor allem der

Vertrauensverlust. Im Austausch mit anderen spielt unsere Sprache eine tragende Rolle. Worte können Feindbilder oder Vertrauen fördern. Für tragfähige Win-win-Ergebnisse heißt es, auf die folgenden Strategien möglichst zu verzichten.

Formen sprachlicher Manipulation und Gewalt		
anklagen	ignorieren	ungefragt helfen
befehlen	lächerlich machen	Vergangenes vorhalten
belehren	pauschalieren	vergleichen
beschwichtigen	psychologisieren	verweigern
drohen	Ratschläge geben	voreilig Lösungen offerieren
etikettieren („Ich bin ...“ „Du bist ...“)	Rechthaberei	warnen
erpressen	Schuld zuweisen	wertend kritisieren/loben („Ich habe das Gefühl, dass ...“)
erwarten	schonen	Wieso-, Warum-Fragen
fordern	schweigen	witzeln
generalisieren	sich zurückziehen	
„Ich kann nicht.“/ „Ich muss ...“	sich einverstanden geben	

Solche Reaktionen werden vom Gegenüber üblicherweise mit „Rollladen herunterlassen" beantwortet. Überprüfen Sie selbst anhand des Beispiels des verspäteten Mitarbeiters: Fällt Ihre Aussage unter eine dieser Formen? Sagen wir, dass Sie einen Mitarbeiter vor sich haben, den Sie schätzen und gerne halten wollen: Würden Sie dann nicht, anstatt zu spekulieren, wissen wollen, was ihn regelmäßig später kommen lässt? Was ist der Grund dafür, sprachliche Gewalt auszuüben, wenn sie uns schadet? Meist tun wir es dann, wenn uns eine „Sache" viel bedeutet und wir nicht wissen, wie wir diese ohne Gewalt bekommen können. Wenn wir bereits wüssten, wie wir dies gewaltfrei erreichen könnten, was würde uns davon abhalten?

In Ich-Botschaften sprechen

Wir lernen früh, Schuldige zu suchen. Eine Form, unsere Gefühle und eigene unerfüllte Anliegen auszudrücken ist, sie in moralische Urteile in Form von Du-Botschaften zu verpacken. Jede Du-Botschaft ist eine verunglückte Ich-Botschaft – verunglückt, denn Ihre Chancen das zu bekommen, was Sie wollen, reduzieren sich dadurch erheblich. Wenn Menschen hören, sie seien schuld an Ihren Gefühlen, nimmt deren Bereitschaft zuzuhören und auf Ihre Anliegen einzugehen, drastisch ab. Versuchen Sie deshalb, solche Du-Botschaften in Ich-Botschaften zu übertragen.

Beispiele: Moralische Urteile übersetzen

Die Aufmerksamkeit liegt darauf, was ...	
... der andere macht:	... ich brauche:
Du bist eine Klette.	Ich brauche mehr Freiraum.
Du kapierst einfach nichts.	Ich brauche Verständnis dafür, wie schwer es mir fällt, mich verständlich zu machen.
Sie schmücken sich mit fremden Federn.	Ich brauche Respekt für meinen Anteil am Ergebnis.

Vorsicht: „Ich finde, dass Sie sich mit fremden Federn schmücken." bleibt eine Du-Botschaft, auch wenn Sie sie mit dem Wort „ich" kaschieren.

> Moralische Urteile sind ein tragischer Ausdruck unserer Bedürfnisse, die zu kurz kommen. (Marshall B. Rosenberg)

Neue Sprache – neues Denken

Sind Sie gewohnt, bei Schwierigkeiten Feindbilder von Ihren Mitmenschen aufzubauen? Interpretieren Sie ihr Verhalten als böse, schlecht oder gemein? Der Chef wird zum Ausbeuter, der Mitarbeiter zum Schmarotzer, das eigene Kind zum Fehler des Lebens, die geliebte Frau zum Drachen, der Mann zum Waschlappen? Durch Grübeln bauen wir das Feindbild weiter auf, brechen den Dialog ab, ziehen uns zurück, kleben den Vorfall auf unser Rabattmarken-Heft oder greifen mit den Mitteln, die uns zur Verfügung stehen, an. Erst nach einiger Zeit erkennen wir die Unangemessenheit unserer Reaktion und gehen in Rechtfertigungen, Reue oder Selbstanklage über. Der neue Feind: wir selbst. Wir fragen uns, was mit uns nicht stimmt, dass wir immer wieder in solche Situationen geraten. Woher kommt diese so wenig dienliche Neigung?

Unsere Erziehung (und heute zunehmend die Medien) führen uns dazu, eine feindliche Haltung zu entwickeln, in der Unsicherheit vorherrscht und man sich vor dem Bösen schützen bzw. es bekämpfen muss. Dieser Haltung entspringen unsere täglichen Gedanken, die sich in unserem Verhalten und unserer Sprache manifestieren, denn unsere Sprache ist ein Abbild unserer Gedanken. Sind Sie dieser Denkweise ausgeliefert und können nichts mehr daran ändern? Natürlich können Sie! Jederzeit, egal wie alt Sie sind, egal mit welchen Erfahrungen Sie im Leben konfrontiert wurden, können Sie eine friedlichere und weniger anstrengende Sicht auf das Leben entwickeln.

> Wir entscheiden, wie wir die Welt sehen, nicht die anderen.

Wie groß der Einfluss Ihrer Wortwahl ist, können Sie in einem kleinen Selbstversuch ausprobieren.

Selbstversuch: Entscheidungsfreiheit

1. Denken Sie sich drei Dinge aus, die Sie tun müssen und sprechen sie aus: „Ich muss …"
2. Spüren Sie, wie sich das anfühlt, wenn Sie daran denken? Vermutlich empfinden Sie Druck, es wird eng, unangenehm. Weshalb? Sie geben Ihre Macht an eine außenstehende Macht ab, Sie erleben sich bis zu einem gewissen Maß als ohnmächtig.

3 Ersetzen Sie nun die Worte „Ich muss..." durch „Ich entscheide mich, ... zu tun, weil ..."

4 Fühlt es sich jetzt anders an? Erkennen Sie einen Unterschied?

Wenn Sie Verantwortung übernehmen und sich bewusst sind, weshalb Sie etwas tun, z. B. „Ich entscheide mich zu arbeiten, weil ich gerne etwas zum Wohl meiner Familie beitrage", ändern sich auch Ihre Gefühle – ein kleines Wort, große Wirkung. Und wenn sich das Gefühl gar nicht ändert, wenn Sie „ich entscheide mich ..." sagen? Dann kann es sein, dass Sie sich selbst Gewalt antun, sich dazu zwingen, anstatt nach Alternativen zu suchen.

Beispiel: Wir haben immer die Wahl

Frage: „Wohin gehst du?"

Antwort 1: „Ich muss zu meiner Mutter."

Antwort 2: „Ich will (nicht) zu meiner Mutter."

Die erste Antwort gibt die Macht über die Entscheidung ab an eine höhere Macht, der zu gehorchen ist, die keine Wahl lässt. Dabei ist offensichtlich, dass eine andere Wahl wäre, nicht zu gehen. Die zweite Antwort macht die Entscheidungsfreiheit und Entscheidungsmacht klar, die in uns liegt. Wollen Sie einmal ausprobieren, wie es ist, einen Tag/eine Woche auf das Wort „muss" zu verzichten und es durch „will" zu ersetzen? Vermutlich wird Ihnen bei einigen Dingen klar, dass Sie sie gar nicht wollen.

Auf einen Blick: Zum Miteinander

- Eine wertschätzende Haltung sich selbst und anderen gegenüber ermöglicht es uns, Win-win-Lösungen zu finden, statt in konkurrierenden Wettbewerb zu treten.
- Die Gewaltfreie Kommunikation (GFK) bietet Ihnen das Handwerkszeug, Konflikte konstruktiv zu lösen.
- Grundlage für ein erfolgreiches Gespräch im Sinne der GFK ist zweierlei: sich aufrichtig zeigen und empathisch hören.
- Konflikte sind unvermeidbar. Konstruktiv ausgetragen fördern Sie unsere Entwicklung.
- Unsere Sprache wirkt oft eskalierend. Wenn wir Schuldzuweisungen vermeiden und Ich- statt Du-Botschaften senden, fördern wir die Kooperationsbereitschaft anderer.
- Unser Verhalten ist ein Spiegel unserer Sprache. Neues Verhalten braucht eine neue Sprache.

Sich aufrichtig zeigen

Kommunikation gelingt, wenn die Gesprächspartner einander hören und verstehen. Einfach ist das nicht, denn: Allzu oft versteht der Gesprächspartner etwas völlig anderes, als wir gemeint haben – und anders herum. Sich durch gewaltfreie Aufrichtigkeit verständlich zu machen, ist in der GFK die halbe Miete, diese Hürden zu überwinden.

In diesem Kapitel erfahren Sie,

- wie Sie eine faire Gesprächsbasis schaffen, indem Sie Beobachtungen statt Interpretationen benennen,
- warum Gefühle in der Kommunikation so wichtig sind und wie Sie sie ausdrücken können,
- wie Sie Ihre Bedürfnisse erkennen und äußern,
- wie Sie mit Bitten statt Forderungen auf Augenhöhe agieren.

Sprechen, um gehört zu werden

Kommunikation heißt: senden, empfangen und prüfen. Egal ob Sie reden oder beredt schweigen, mit den Händen gestikulieren oder zu Boden schauen, Sie kommunizieren ständig. Sie senden fortlaufend Signale und Botschaften aus, die Ihr Gegenüber interpretiert. Damit beim anderen das ankommt, was Ihrer Absicht entspricht, empfehle ich, sich bewusst darüber zu werden, was, wie und aus welcher Haltung heraus Sie kommunizieren. Dabei helfen die vier Elemente:

Beobachtung

Gefühl

Bedürfnis

Bitte

Vier Elemente

Vier Begriffe, die zuerst einmal vertraut klingen. Damit Sie sie erfolgreich anwenden können, will ich Ihnen im Folgenden erläutern, was damit genau gemeint ist. Danach können Sie sie zunehmend sicherer einsetzen und je nach Anwendungsfall kombinieren. Anhand eines einfachen Beispiels will ich Ihnen den linken Bereich der liegenden Acht (siehe Abschnitt „Wozu Gewaltfreie Kommunikation?") erläutern: „sich aufrichtig zeigen" sowie die vier Elemente.

Beispiel: Wo sind die Vertriebszahlen?

Sie haben mit Ihrer jungen Mitarbeiterin, Frau Müller, am Vortag Folgendes besprochen: „Schicken Sie mir die Vertriebszahlen bis morgen Mittag, dann kann ich den Monatsbericht für meinen Chef fertigstellen?" Nach kurzem Zögern sagt sie: „Ja, klar, mach` ich." Am nächsten Tag wollen Sie nachmittags den Bericht schreiben. In Ihrem Posteingang finden Sie keine E-Mail von Frau Müller. Letzten Monat lief das ganz ähnlich ab.

> Nehmen wir an, Sie wollen dies ansprechen und in Ihrem Kopf laufen Gedanken ab, wie „Das hätte ich mir doch gleich denken können. Das war ja zu erwarten. Auf sie ist einfach kein Verlass!" Dann würde das in einer schnellen Reaktion vielleicht so klingen: „Hallo, Sie haben mir die Vertriebszahlen wieder nicht geschickt! Wieso lassen Sie mich da immer im Stich?!"

Wenn Sie so reagieren – verwechseln Sie dann nicht „sich aufrichtig zeigen" mit „dem anderen aufrichtig Ihre Urteile um die Ohren schlagen"? Ihre Chance, mit Ihrem Frust wirklich gehört zu werden, ist nicht sehr groß bei dieser Variante, da bei Frau Müller wohl schon beim Wort „wieder" der Rollladen heruntergegangen ist. Sprechen alleine hilft nicht, lernen Sie die Kunst, so zu sprechen, dass der andere auch zuhört.

> Wir sprechen nicht, um etwas zu sagen, sondern um gehört zu werden.

Die vier Elemente unterstützen Sie dabei, die erforderliche Haltung zu entwickeln und gleichzeitig mehr Sicherheit in der Anwendung der GFK zu erlangen. Für jedes Element gibt es typische Verwechslungen, die es zu vermeiden gilt, um den Erfolg eines Gesprächs nicht aufs Spiel zu setzen.

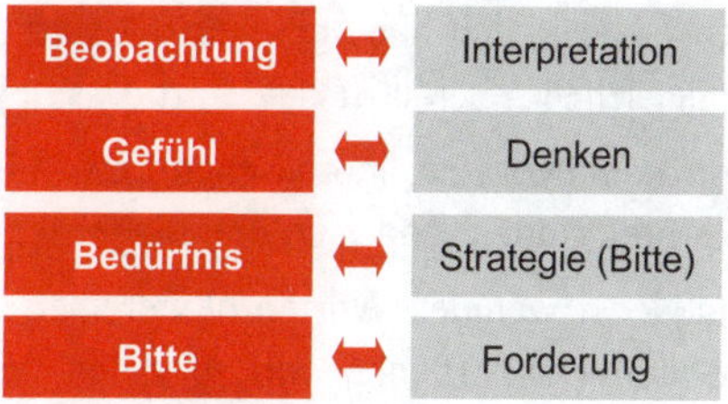

Vier Elemente, vier Schlüsselunterscheidungen

Beobachtung oder Interpretation?

Sie erreichen, dass andere Ihnen zuhören, indem Sie zunächst Fakten benennen, ohne Interpretationen beizumischen.

Eine faire Basis schaffen

Abwehr entsteht bei Ihrem Gesprächspartner dann, wenn er Verurteilungen oder negativ ausgelegte Interpretationen aus Ihren Beobachtungen heraushört. Interpretieren können wir sehr schnell, nur leider sind wir dabei meistens ungenau. Um eine faire Basis zu schaffen, heißt es zunächst einmal, genau zu beobachten und kommentarlos zu beschreiben, was wir wahrnehmen, wie eine Kamera oder ein Mikrofon. Damit schaffen wir eine konsensfähige Grundlage für das Gespräch.

Checkliste: Beobachtungen ausdrücken

- Den konkreten Bezug klarstellen: wer, wann, was, ...
- Sinnlich wahrnehmbare Fakten beschreiben: was Sie gesehen, gehört, gerochen, körperlich gespürt bzw. nicht gesehen, gehört usw. haben.
- Bei sich bleiben: „Ich habe gesehen ..." statt „Das kann doch jeder sehen ...", „Mir ist klar" statt „Das ist ja klar".
- Frei von Kommentaren, moralischen Bewertungen, Kritik, Interpretationen, Analysen und Diagnosen sprechen.
- Mit möglichst wenigen Worten beschreiben, damit der andere weiter zuhört, aber mit so vielen Worten, wie zum Verständnis nötig sind.

Fallstricke bei Beobachtungen

Besonders unsere Interpretationen und moralischen Bewertungen führen zu Schwierigkeiten und verringern die Kooperationsbereitschaft des Gesprächspartners. All die Du-Botschaften, Verurteilungen und Interpretationen sind ein Ausdruck unserer eigenen Gefühle und Bedürfnisse, die sich gerade nicht erfüllen. Um Fakten zu beschreiben, sind sie ungeeignet. Und sie bringen uns, einmal ausgesprochen, dem Ziel einer fairen Klärung meist nicht näher.

Beispiele: Beobachten statt interpretieren

Formen von Interpretationen	Alternative Formulierungen, die Beobachtungen enthalten
Interpretation: „Hallo, Sie haben mir die Vertriebszahlen nicht geschickt."	„Ich kann nicht erkennen, dass Sie mir die Vertriebszahlen zugeschickt haben." Diese könnten auch in der Hauspost, im Spamordner oder im Internet hängen.
Moralische Bewertung: „Sie haben mich wieder im Stich gelassen."	„Aus meiner Sicht ist es das zweite Mal in diesem Monat, dass wir zwei in so eine Situation kommen."
Analyse: „Das hätte ich mir doch gleich denken können."	„Mir geht gerade durch den Kopf, ob ich selbst nicht besser für mich hätte sorgen können."
Diagnose: „Auf sie ist kein Verlass."	„Ich habe in Erinnerung, dass Sie mir die Vertriebszahlen bis heute früh liefern."

Sie wollen sorgenfreier leben und weniger grübeln? Reduzieren Sie Ihren Gedankenstress, indem Sie mehr auf Beobachtungen achten, anstatt Ihre Gedanken den Interpretationen und Bewertungen folgen zu lassen. Übungsmöglichkeiten gibt es überall: vor dem Fernseher, im Café oder im Meeting.

Wenn wir im Urteilstheater stecken bleiben

Natürlich ist in unserem Beispiel auch Frau Müller nicht davor gefeit, in ihren Urteilen stecken zu bleiben.

Beispiel: Wo sind die Vertriebszahlen? (Fortsetzung)

Nehmen wir an, Folgendes geht der jungen Frau Müller durch den Kopf: „Oh Gott, ich hab's versaut." ⇒ „Aber mit diesem Chef kann man halt auch nicht reden." ⇒ „Vielleicht bin ich einfach unfähig mit Chefs umzugehen?" ⇒ „Oh Gott, hoffentlich merkt das keine meiner Kolleginnen." ⇒ „Nun ja, in der letzten Firma kam ich auch nicht mit dem Chef zurecht, es muss doch an mir liegen!" ⇒ „Na toll, jetzt bin wieder ich an allem schuld – und offensichtlich bin ich auch noch unfähig aufzuhören mit diesem ewigen Bewerten!"

Dieses „Urteilstheater" in ihrem Kopf – in dem es sich meist darum dreht, wer schuld an der Misere ist: sie oder der andere – ist nicht gerade angenehm, macht aber wunderbar depressiv.

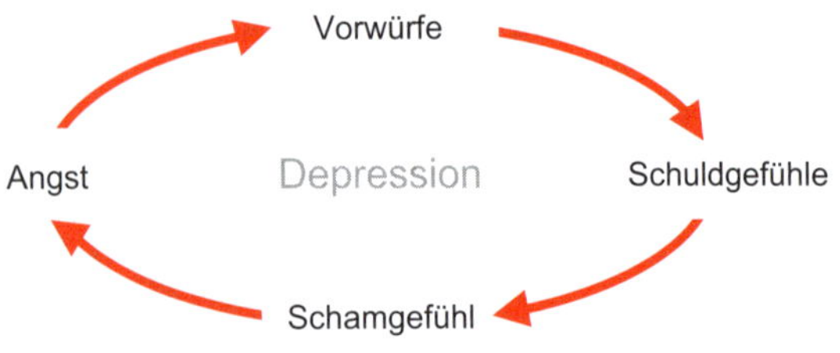

Urteilstheater

Aus diesem Kreislauf kann Frau Müller aussteigen, wenn sie wie aus einer Vogelperspektive betrachtet, was in ihr vorgeht. Sie schaut sich von außen das Drama an, dessen Regisseurin sie selbst ist. In dieser distanzierten Position kann sie sich damit auseinandersetzen und die wertvollen Hintergründe für Ihre Gefühle ermitteln. Sie wird wieder handlungsfähig.

Wir bewerten ständig

Ständig zu bewerten, liegt in unserer Natur. Die Frage ist nur, richten wir unsere Aufmerksamkeit dabei darauf, was wir oder andere „falsch" machen oder darauf, was wir brauchen? Je häufiger es Ihnen gelingt, Ihren Blick auf die beobachtbaren Fakten und die Bedürfnisse dahinter zu lenken, desto weniger werden Sie moralische Urteile fällen. Hilfreich sind solche Urteile bis dahin dennoch – für Sie selbst nämlich. Warum? Sie können Ihnen die Augen öffnen, damit Sie Ihre eigentlichen Anliegen, die hinter jedem solcher Urteile stecken, erkennen. Es geht also nicht darum, Urteile abzustellen (aber durchaus darum, sie dem Gesprächspartner nicht mehr an den Kopf zu werfen). Nutzen Sie sie als Hilfe, um herauszufinden, wie Sie Ihr eigenes Leben schöner machen können.

> Es sind nicht die Tatsachen, die uns das Leben schwer machen. Es ist unsere Bewertung der Tatsachen. (Epiktet)

Was würde in Frau Müllers Kopf vorgehen, wenn sie in der gleichen Situation ihren Blick auf ihre Bedürfnisse richten würde? Das Urteilstheater von oben könnte dann etwa so aussehen: „Ich habe tatsächlich den Termin nicht eingehalten.

Ich war überfordert, wie ich unterstützen und mich gleichzeitig vor Vorwürfen schützen könnte, so dass ich nicht ehrlich Nein gesagt habe. Dann hätte er die Chance gehabt, jemanden anderen zu fragen. Ich dachte, ich muss Ja sagen. Ich bedaure das, denn mir wird klar, wie viel es mir bedeutet, dass mir andere vertrauen können. Und ich merke, mein ehrliches Bedauern zu äußern, fällt mir schwerer, als mal schnell "Entschuldigung„ zu sagen." Wenn Frau Müller so reflektiert, wird es ihr deutlich leichter fallen, mit ihrem Chef wieder ins Reine zu kommen.

Und das betrifft auch den Chef in diesem Beispiel: Dass er die E-Mail nicht im Postfach sieht, ist Fakt. Was er aus diesem Fakt macht, kann ihm das Leben schwer machen. Wenn es ihm jedoch gelingt, die Fakten urteilsfrei als reine Beobachtung zu äußern, legt er damit die Grundlage für das weitere klärende Gespräch.

Beispiel: Wo sind die Vertriebszahlen? (Fortsetzung)

Chef: „Ich habe verstanden, dass Sie mir die Vertriebszahlen bis heute Mittag zusenden und jetzt kann ich keine E-Mail von Ihnen in meinem Postfach sehen." (Beobachtung)

Checkliste: Äußern Sie eine urteilsfreie Beobachtung?

- Prüfen Sie, ob Ihr Gegenüber sagen könnte: „Nein, so war das aber nicht!" Wenn es dafür Argumente gibt, dann haben Sie mit hoher Wahrscheinlichkeit eine (negative) Interpretation im Kopf.
- Prüfen Sie, ob Sie die Wörter „du" oder „Sie" in einer anklagenden Form benutzen.

- Versuchen Sie, Recht zu haben? Fragen Sie sich: „Bin ich gerade bereit, mich zu irren?"
- Finden Sie eine positive Interpretation? Im Konfliktfall sind 90 % unserer Interpretationen negativ, z. B. statt „Das hat sie sicher wieder nicht getan.": „Sie kann auch einen Grund für ihr Verhalten haben, der nichts mit mir zu tun hat, oder?"

Gefühle statt Gedanken ausdrücken

Im ersten Element drücken Sie Ihre Beobachtung aus, ohne Interpretationen hinzuzumischen. Sie haben es geschafft, Ihre Beobachtung urteilsfrei und neutral zu formulieren, wozu jetzt Gefühle ins Spiel bringen? Macht das nicht alles wieder kompliziert? So wie in diesem Dialog: Frau: „Willst du wissen, wie ich mich gerade fühle?" Mann: „Nein, danke!"

Warum wir Gefühlsäußerungen meiden

Es gibt eine Menge Gründe, Gefühle zu tabuisieren, sie nicht hören, spüren bzw. aussprechen zu wollen:

- „Es kommen unpassende Gefühle zum unpassenden Augenblick in der unpassenden Intensität – und da kann man nichts machen. Ich bin Ihnen immer wieder ausgeliefert, sie sind unkontrollierbar und daher gefährlich. Ich verstehe nicht, wie Gefühle entstehen und wofür sie gut sein sollen."

- „Manchmal weiß ich einfach nicht, was ich fühle und meine Frau quält mich immer wieder mit Fragen nach meinen Gefühlen, aber manchmal fühle ich einfach nichts. Was soll ich denn dann sagen?"
- Sie haben so oft gehört, Sie seien für die Gefühle anderer verantwortlich, z.B.: „**Ich** bin verärgert, weil **du** so spät kommst!"
- Sie haben unangenehme Erfahrungen mit als Gefühlen getarnten, moralischen Urteilen anderer erlebt, z.B.: „Ich fühle, dass etwas mit dir nicht stimmt!"
- Sie haben schlechte Erfahrungen mit den Reaktionen anderer gemacht, wenn Sie Ihre Gefühle ausgesprochen haben. „Kaum sage ich ‚Ich bin traurig', schon gibt mein Mann mir Ratschläge: ‚Kopf hoch, wird schon wieder!'"
- Der Sinn der verschiedenen Gefühle bleibt rätselhaft, Sie glauben, es gibt gute/positive Gefühle, z.B. Freude, und schlechte/negative Gefühle, wie Angst oder Resignation.

In Unternehmen wird das Ansprechen von Gefühlen aus weiteren Gründen vermieden: Uns wurde beigebracht, Gefühle haben bzw. zu zeigen, sei ein Zeichen von Schwäche. Wir glauben, der Verstand sei wertvoller als die Gefühle (= irrationales Zeug). Und: Durch Gefühle werden rationale vernünftige Entscheidungen verkompliziert oder sogar verhindert.

Gefühle sind wichtige Informationen

Forschungen haben gezeigt, dass wir ständig Gefühle haben, sie wechseln spätestens alle 40 Sekunden, mit Ausnahme der Trauer, die länger anhalten kann. Das bedeutet: Was immer wir entscheiden oder klären – unsere Gefühle sind dabei, egal ob sie unbewusst bleiben oder ob wir sie bewusst wahrnehmen. Etwas „rein sachlich" zu klären, ist daher faktisch unmöglich. Ob wir unsere Gefühle unterdrücken oder sie nicht zeigen, sie sind da.

Wie entstehen Gefühle, was ist ihre Ursache?

Wenn Sie den Sinn und die Ursache von Gefühlen kennen, verlieren sie ihren Schrecken und werden zu einem wichtigen Helfer in der Beziehung zu Ihnen selbst und zu Ihren Mitmenschen.

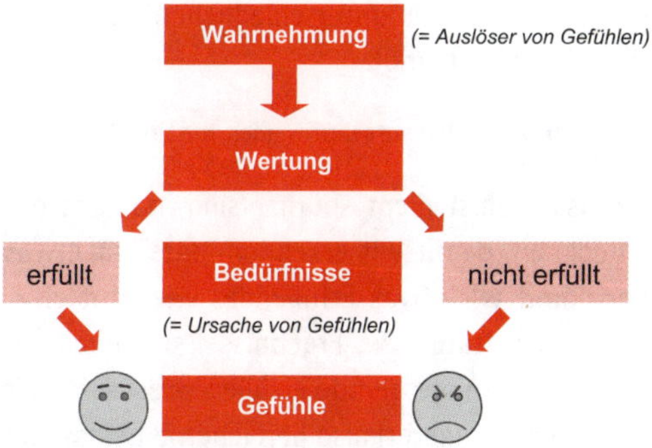

Wie Gefühle entstehen

Beispiel: Der verpasste Termin

Nehmen wir an, einer Ihrer Kollegen kommt dieses Mal nicht zur Montagsbesprechung. Keiner wusste Bescheid. Das lief letzte Woche genauso. Das ist die Beobachtung bzw. der Auslöser, den Sie wahrnehmen. Blitzschnell wertet Ihr Gehirn die Situation aus.

a) Wenn Sie vorhatten, sich in dieser Besprechung mit ihm bezüglich eines gemeinsamen Projekts abzustimmen, erfüllt sich Ihr Bedürfnis voranzukommen wiederholt nicht. Dann sind Sie vermutlich frustriert.

b) Wenn Sie zur Zeit nichts mit ihm abzustimmen haben, erfüllt sich Ihr Bedürfnis voranzukommen besser, weil eine Person weniger im Meeting ist. Sie sind erfreut.

c) Haben Sie auf den Kollegen gesetzt als Fürsprecher für einen Projektauftrag, dann erfüllt sich Ihr Bedürfnis nach Unterstützung nicht. Sie sind z.B. unsicher.

Der Kollege verhält sich in allen Fällen genau gleich, und doch können ganz unterschiedliche Gefühle bei Ihnen entstehen (frustriert, erfreut, unsicher). Er **kann** also nicht die Ursache Ihrer Gefühle sein, er ist nur der Auslöser. Die Ursache Ihrer Gefühle sind Ihre, jeweils unterschiedlichen Bedürfnisse (Vorankommen/Unterstützung).

Gefühle können von außen ausgelöst werden, die Ursache liegt in uns.

Da Bedürfnisse selbst nicht spürbar sind, hat uns die Natur Gefühle gegeben, damit wir erkennen, dass wir etwas brauchen oder damit wir etwas Erfüllendes wiederholen können. Gefühle sind Resultate bzw. Ergebnisse, sie signalisieren Ihnen, ob sich Bedürfnisse gerade erfüllen oder nicht. Wenn Sie Ihr Leben (und das anderer) also bereichernd gestalten wollen, hilft Ihnen die Fähigkeit, Gefühle identifizieren und differenziert ausdrücken zu können.

Ein Gefühlsrepertoire aufbauen

Wenn Sie die fünf Minuten lang aufschreiben, was Sie fühlen, dann werden Sie schnell eine Liste von Gefühlen erhalten.

Unsere Sprache bietet die Möglichkeit, unsere Gefühle viel differenzierter auszudrücken als mit „mir geht's gut" oder „mir geht's schlecht."

Gefühle, wenn sich Bedürfnisse erfüllen:		
aufgeregt	froh	mutig
belebt	geborgen	neugierig
berührt	gelassen	ruhig
bewegt	glücklich	satt
dankbar	heiter	selig
energetisiert	hoffnungsvoll	sicher
erfüllt	inspiriert	stark
erleichtert	lebendig	stolz
erlöst	leidenschaftlich	überrascht
fasziniert	liebevoll	wach
frei	motiviert	zufrieden
friedlich	munter	zuversichtlich

Gefühle, wenn sich Bedürfnisse nicht erfüllen:		
alarmiert	gehemmt	sauer
angespannt	genervt	schamvoll
ängstlich	hasserfüllt	schuldig
aufgeregt	hoffnungslos	ungeduldig
besorgt	hilflos	unruhig
betrübt	irritiert	unsicher
deprimiert	konfus	verbittert
durcheinander	krank	verletzt
einsam	matt	verwirrt
entmutigt	müde	verzweifelt
enttäuscht	mutlos	wütend
frustriert	nervös	zögerlich
furchtsam	niedergedrückt	zornig

Wozu Gefühle aussprechen?

In einer Konfliktklärung beeinflusst Ihr momentaner Gefühlsstand den Gesprächsverlauf. Daher ist diese Information wichtig für Ihr Gegenüber. So lässt „frustriert" darauf schließen, dass Sie bereits mehrfach „enttäuscht" waren – ein wertvoller Hinweis, den er aus „mir geht's schlecht" nicht erkennen kann.

Beispiel: Unterschiedliche Wirkung

„Da müssen wir als Projektteam eben durch ..." oder „Ich bin auch unsicher, ob wir das alles schaffen, und gleichzeitig glaube ich, dass wir auf dem Weg lernen können, was wir brauchen, um erfolgreich zu sein." Vermutlich erleben Sie beim Lesen der zweiten Aussage, wie Authentizität ankommt und Motivation entsteht.

Das Aussprechen von Gefühlen in einer Haltung, die die volle Verantwortung dafür bei Ihnen lässt, bewirkt mehr Nähe und schafft Vertrauen, da damit auch Ihre Menschlichkeit sichtbar wird. Gehört etwas dazu, Gefühle zu zeigen? Ja! Wie kann es dann eine Schwäche sein?

Gefühle äußern – Fallstricke vermeiden

Ähnlich wie beim ersten Schritt, der urteilsfreien Beobachtung, gilt es auch bei Gefühlsäußerungen achtsam zu sein und Gefühle nicht mit Urteilen zu vermischen. Einige typische Fallstricke dabei stelle ich Ihnen im Folgenden vor.

Gefühle von Gedanken unterscheiden

Test: Gefühl oder Opfergedanke?

Stellen Sie sich vor, folgende Sätze würden Ihnen gegenüber geäußert. Welche davon würden bei Ihnen die Rollladen heruntergehen lassen?

„Ich fühle mich ausgenutzt von dir."

„Ich bin traurig."

„Ich fühle mich bloßgestellt."

„Ich bin unsicher."

„Ich fühle mich manipuliert."

„Ich bin irritiert."

Solange wir Gefühle mit (verurteilenden) Gedanken verwechseln, bleiben wir ängstlich im Umgang mit Gefühlen. Unsere Alltagssprache kann dabei ziemlich verwirrend sein

Checkliste: Gefühl oder wertender Gedanke?	
„Ich habe das Gefühl, dass ..." z.B. „... etwas mit dir nicht stimmt."	Lassen Sie sich nicht täuschen, nach dem Komma folgt immer ein wertender Gedanke, kein Gefühl!
„Ich fühle mich, wie ..." z.B. „... ein Hampelmann."	Bildhafte Vergleiche lassen die verschiedensten Interpretationen zu. Das ist keine echte Gefühlsäußerung. Wissen Sie, wie sich ein Hampelmann fühlt?
„Ich fühle mich ..." + Adverb, das beschreibt, was jemand uns antut, z.B. „Ich fühle mich betrogen/ verraten/hintergangen /verarscht/denunziert."	„Opfergedanken" werten das Verhalten anderer. Wir machen den anderen zum Täter, der für unsere Gefühle verantwortlich ist. Übernehmen Sie

Checkliste: Gefühl oder wertender Gedanke?	
	wieder die Verantwortung für Ihre Gefühle z. B. „Wenn ich denke, ich werde betrogen, fühle ich mich (z. B.) unsicher."
„Ich fühle ..., weil du etwas (nicht) getan hast.", z. B. „Ich bin enttäuscht, weil du das Geschirr nicht gewaschen hast."	Dies ist eine Du-Botschaft, die die Verantwortung für Ihre Gefühle dem anderen zuschiebt. Sie sind enttäuscht, weil sich wichtige Bedürfnisse nicht erfüllt haben. Eine Version, die Verantwortung für Ihr Gefühl übernimmt: „Ich bin enttäuscht, weil ich mich auf Absprachen verlassen möchte."

Auch wenn Sie perfekt Gefühle benennen („ich bin enttäuscht"), gibt es immer noch eine Wahrscheinlichkeit, dass bei Ihrem Gegenüber eine Schuldzuweisung ankommt („ich bin enttäuscht von dir"): wenn er oder sie es gewohnt ist, so etwas zu hören und selbst interpretiert. Wie Sie damit umgehen können, erfahren Sie im Kapitel „Empathisch hören".

Mehr Gefühle nennen, als andere hören können

Wenn wir uns unserer Gefühle bewusster werden und sie differenzierter benennen können, sind wir manchmal in der Versuchung, alle davon auszusprechen in der Hoffnung, unser Gegenüber nimmt sie wahr.

Beispiel: Was ich so alles fühle ...

Frau: „Ich hatte verstanden, dass du heute den Abwasch machst. Jetzt sehe ich das Geschirr noch in der Spüle. (Beobachtung). Ich bin enttäuscht, maßlos enttäuscht, eigentlich sogar tief frustriert und hoffnungslos, traurig, ärgerlich und ..." Ich schätze, spätestens jetzt hat der Mann die Ohren ab- und den Fernseher mit einem „Ja, ja." angeschaltet.

Wenn wir viele Gefühle hintereinander benennen, ist die Wahrscheinlichkeit hoch, dass unser Gegenüber statt der Information, wie wir uns fühlen, Kritik hört. Äußern Sie nur das Gefühl, das im Moment die höchste Intensität hat. Wenn Sie viele gleichwertige Gefühle spüren, können Sie sagen: „... und das löst jede Menge Gefühle bei mir aus."

Alle Gefühle haben ihren Sinn

Wenn Ihnen klar ist, was der Sinn eines Gefühls ist, werden Sie vermutlich auf keines der „schlechten Gefühle" verzichten wollen, denn alle dienen dem Leben, Ihrem Leben. „Schlecht" oder „negativ" sind moralische Bewertungen, die eher dazu führen, Gefühle zu unterdrücken, auszuagieren oder sich in ihnen zu verlieren – ihrem Sinn kommen Sie so nicht näher. Bei einigen Gefühlen gelingt es Ihnen leichter, den Sinn zu erschließen. Wie lange leben Sie, wenn Sie Durst, Hunger oder Müdigkeit nicht spüren? Ziemlich klar. Bei anderen Gefühlen kann es sein, dass Sie länger brauchen, deren Sinn zu erfassen.

Beispiel: „Aufgeben tun wir nur Briefe"

Herrn Herrmanns Versuche, seine Mutter zu überzeugen, etwas für ihre Gesundheit zu tun, fruchten nichts. Da helfen auch seine besorgten Blicke nicht. Er hat nicht die Wirkung, die er sich wünscht. Nach so vielen Versuchen spürt er, wie erste Anzeichen von Resignation in ihm aufsteigen. Er hasst sich dafür, denn er hat gelernt: „Du darfst nie aufgeben – sonst bist du schwach!" Also argumentiert er erfolglos weiter. Nach 10 Minuten beschließt er, sich die Zeit zu nehmen, um zu schauen, was dieses unangenehme Gefühl der Resignation signalisiert? Da spürt er die Erleichterung, als er erkennt: „Loslassen."

Ärger trennt

Im Gegensatz zu vielen anderen Gefühlen wirkt das Gefühl Ärger trennend. Ärger hat die implizite Botschaft: 1. Meine Bedürfnisse erfüllen sich nicht. 2. Ich gebe jemandem die Schuld dafür. Ich habe ein „muss", „soll" oder „sollte" im Kopf. Daher gehen Menschen in Deckung und versuchen, sich zu schützen, wenn sie hören, dass jemand verärgert ist. Nehmen Sie sich in Ihrem eigenen Sinne die Zeit, die darunterliegenden Primärgefühle herauszufinden, wie z.B. frustriert, enttäuscht, traurig, ohnmächtig, hilflos, ängstlich ... In unserem Vertriebszahlen-Beispiel merkt der Chef, dass das erste Gefühl, das er wahrnimmt, Ärger ist. Darunter entdeckt er das eigentliche Gefühl.

Beispiel: Wo sind die Vertriebszahlen? (Fortsetzung)

Chef: „Ich habe verstanden, dass Sie mir die Vertriebszahlen bis heute Mittag zusenden und jetzt kann ich keine E-Mail von Ihnen in meinem Postfach sehen. **Ich bin enttäuscht ...**" (Gefühl)

In manchen Situationen verzichtbar

Von den vier Elementen können wir am ehesten darauf verzichten, Gefühle auszusprechen, z. B. in Unternehmen, in denen es ein Tabu ist, Gefühle zu benennen, oder in Auseinandersetzungen, wo Sie befürchten, der andere hat Angst, für Ihre Gefühle verantwortlich zu sein oder gemacht zu werden. In diesen Situationen Gefühle anzusprechen, würde Sie eher auseinander- als zusammenführen. Darauf zu verzichten, sie auszusprechen, heißt nicht, sich ihrer nicht bewusst zu sein! Denn unsere Bedürfnisse können wir nicht spüren, sondern nur unsere Gefühle.

Bedürfnisse statt Strategien äußern

Wie unsere Gefühle sind Bedürfnisse ständiger Veränderung unterworfen. Sie sind der Kern unserer Handlungen, sie zu erfüllen, ist unser ständiges Bestreben. Dabei sind wir von Natur aus weder egoistisch (nur auf unsere eigenen Bedürfnisse bedacht), noch selbstlos (nur die Bedürfnisse anderer zählen), sondern „selbstvoll" daran interessiert, dass sich unsere Bedürfnisse und gleichzeitig die anderer erfüllen. Dahinter steht ein Prinzip des Lebens, das der charismatische Unternehmensgründer und Mönch Dr. Kazuo Inamori so benennt: „Menschen haben keine höhere Berufung als zum Wohl der Menschheit und Gesellschaft beizutragen."

Alle unsere Handlungen sind der Versuch, uns Bedürfnisse zu erfüllen, unser Leben und das anderer Menschen ein Stückchen schöner zu gestalten. Eine erstaunliche Behauptung angesichts von Mord und Totschlag in der Welt? Die Krux liegt darin, dass wir uns über den Unterschied zwischen unseren Bedürfnissen und unseren Handlungsstrategien so wenig bewusst sind. Wenn Sie Bedürfnisse aussprechen,

- haben Sie größere Chancen, Gehör zu finden, weil Ihre Menschlichkeit sichtbar wird,
- werden Ihre Absichten verständlicher,
- fördern Sie die Kooperationsbereitschaft des Gegenübers,
- steigen die Aussichten auf Erfüllung Ihrer Bedürfnisse, da Sie die Erfüllungsstrategien zunächst offenlassen und damit auch Möglichkeiten Raum geben, an die Sie vielleicht nicht gedacht hätten.

Bedürfnisse, die alle teilen

Wenn wir erkennen, dass alle Menschen (Chef, Mitarbeiter, Mann, Frau, Kind, Lehrerin, Schüler, Terrorist und Präsident) die gleichen menschlichen Interessen haben, dann können wir neue Wege gehen, unsere Welt lebenswerter zu schaffen. Prof. Manfred Max-Neef, Wirtschaftswissenschaftler und Träger des Alternativen Nobelpreises, fand heraus, dass wir Menschen gerade einmal neun Grundbedürfnisse haben, die alle teilen – jenseits von Geschlecht, Alter, Kultur, Hautfarbe oder Religion (ja, Sie dürfen hoffen für Ihre Ehe!). Marshall B. Rosenberg kam in seinen Forschungen auf eine ähnliche Liste. Sie gibt eine erste Orientierung, wenn wir Bedürfnisse identifizieren wollen:

Neun Grundbedürfnisse und ihre Variationen	
Grundbedürfnis	**Variation, z. B.:**
Selbsterhalt	Schutz, Sicherheit
Liebe	Zuwendung, Nähe, Kontakt
Verständnis	Empathie, Einfühlung
Aufrichtigkeit	Offenheit, Authentizität
Zugehörigkeit	Beteiligung, Miteinander
Kreativität	Spiel, Ruhe, Muße
Freiheit	Selbstbestimmung, Mitbestimmung
Feiern	Anteilnahme, Trauern
Sinnhaftigkeit	Identität, Selbstverwirklichung

Wer mag nicht gerne Freundlichkeit, Rücksichtnahme, Aufrichtigkeit, Verständnis oder Freiheit? In meinen Seminaren habe ich noch keinen Menschen getroffen, der bereit wäre, auf eines dieser Bedürfnisse für den Rest seines Lebens zu verzichten. Wir teilen diese Bedürfnisse, auch wenn wir nicht immer zur gleichen Zeit dasselbe Bedürfnis haben. Gerade in schwierigen zwischenmenschlichen Situationen hat die Klarheit über die Bedürfnisse beider Seiten eine verbindende Wirkung, sie fördert die Kooperationsbereitschaft.

> Bei einem Streit ist der Wunsch, ernst genommen zu werden, auf beiden Seiten gleich groß. (Marshall B. Rosenberg)

Gefühle weisen den Weg zu Ihren Bedürfnissen

Wie Sie in der Abbildung „Wie Gefühle entstehen“ (Abschnitt „Gefühle statt Gedanken ausdrücken“) sehen, sind Bedürfnisse und Gefühle direkt miteinander verknüpft. Leider besteht keine

1:1-Zuordnung der einzelnen Gefühle zu Bedürfnissen. Ein Gefühl kann mit verschiedenen Bedürfnissen zusammenhängen.

Beispiel: Ein Gefühl – verschiedene Bedürfnisse

Ihr Chef hat Ihren Kollegen gebeten, ein bedeutsames Projekt für die Abteilung zu leiten. Sie sind enttäuscht, denn nach den Gesprächen der letzten Wochen, hatten Sie gehofft, dafür benannt zu werden. Nun können Sie sich fragen: Bin ich enttäuscht, weil ich a) das (Selbst-)Vertrauen brauche, dass meine Arbeit geschätzt wird? b) eine Perspektive für meine weitere persönliche Entwicklung möchte? c) eine Herausforderung suche, um mein ganzes Potenzial zu leben?

Wie können Sie aus dieser Vielfalt Ihr aktuelles Bedürfnis herausfinden? Ihre innere Reaktion beim Lesen der Fragen a) bis c) zeigt Ihnen, welches Bedürfnis im Moment die höchste Priorität hat. Denn die aus den Bedürfnissen resultierenden Handlungsstrategien können sehr unterschiedlich sein! Bei a) würden Sie z. B. eine Liste all der Dinge erstellen, die Sie selbst an Ihrer Arbeit schätzen. Oder einen Kollegen bitten, drei Punkte zu nennen, die er an Ihrer Arbeitsweise schätzt. Bei b) gehen Sie z. B. zu Ihrem Chef und fragen ihn, was aus seiner Sicht erforderlich ist, dass Sie das nächste große Projekt leiten können. Bei c) schauen Sie vielleicht, welches heiße Eisen im Team seit Jahren nicht angepackt worden ist und ob Sie sich daran wagen wollen.

Je bedeutsamer die Situation für Sie ist, desto mehr empfehle ich, Ihre Bedürfnisse zu klären. Denn solange Ihre Bedürfnisse unklar sind, werden Ihre Handlungen zum Lotteriespiel: Stellen Sie sich vor, Sie packen das „heiße Eisen" im Team an. Eigentlich ging es Ihnen um Wertschätzung (und nicht darum

Ihr ganzes Potenzial auszuprobieren). Und nun meckert jeder an Ihnen herum, dass Sie dieses unangenehme Thema angepackt haben. Sie bekommen alles andere als Wertschätzung. So wird Ihre Enttäuschung schnell umschlagen in Frust, weil Ihre Handlungsstrategie nicht zu Ihrem Bedürfnis passt. Das ist einer der Gründe für Frust im Alltag: Wir haben die Lösung, bevor klar ist, was das eigentliche Problem ist.

Beispiel: Wenn Ratschläge eher schaden als helfen

Sie: „Mein Chef ist so anstrengend. Immer will er, dass ich am Abend ‚noch schnell' etwas für ihn erledige." Er: „Da musst du dich einfach wehren. Lass dir das nicht gefallen." Sie: „Lass mich mit deinen Ratschlägen in Ruhe, das weiß ich doch selber!" Er: „Was willst du denn dann von mir?"

Solange ihm unklar bleibt, dass sie Empathie will, Verständnis für Ihren Frust sucht, solange werden Beschwichtigung, Trost oder Ratschläge keine Hilfe sein, da diese Strategien nicht ihr Bedürfnis erfüllen. Sein Wunsch, sie zu unterstützen, endet in Frust. Was wäre eine passende Antwort? In 80 % der Fälle wird echte stille Präsenz Verständnis signalisieren. Zu den anderen 20 % finden Sie einiges im Kapitel „Empathisch hören".

Was Bedürfnisse charakterisiert

Bedürfnisse

- sind abstrakt,
- sind positiv formuliert,
- teilen alle Menschen, unabhängig von Kultur, Status, Alter, Geschlecht und Religion,

- korrespondieren mit unseren momentanen Gefühlen,
- sind ergebnisfrei, d.h. sie können über unterschiedlichste Strategien erfüllt werden.

Beispiele finden Sie in der folgenden Übersicht.

Übersicht: Eine Auswahl an Bedürfnissen		
Achtsamkeit	Fürsorge	Ruhe
Akzeptanz	Geborgenheit	Schutz
Anerkennung	Gemeinschaft	Selbstbestimmung
Angemessenheit	Genuss	Selbsterhalt
Ästhetik	Glaubwürdigkeit	Selbstvertrauen
Aufrichtigkeit	Gleichwertigkeit	Selbstwert
Augenhöhe	Harmonie	Sexualität
Authentizität	Humor	Sicherheit
Autonomie	Identität	Sinn
Balance	Inspiration	Spiel
Beitragen	Integrität	Spiritualität
Bewegung	Klarheit	Transparenz
Distanz	Kooperation	Überleben
Effizienz	Kreativität	Unterstützung
Ehrlichkeit	Liebe	Verständnis
Empathie	Miteinander	Vertrauen
ernst genommen werden	Muße	Vielfalt
Ernsthaftigkeit	Nähe	Wärme
Fairness	Ordnung	Wertschätzung
Feiern	Perspektive	Wohlwollen
Flexibilität	Präsenz	Zugehörigkeit
Freiheit	Regeneration	Zuversicht
Frieden	Rücksichtnahme	

Bedürfnisse erkennen

Es fällt nicht immer leicht wahrzunehmen, welche Bedürfnisse unseren Gefühlen oder Urteilen zugrundeliegen. Hier einige Hilfestellungen, die es Ihnen erleichtern, Ihre Bedürfnisse zu erkennen:

- Benennen Sie Ihre Gefühle präzise. Manche Gefühle lassen Ihr Bedürfnis bereits anklingen:

Beispiel:

Gefühl	Bedürfnis
Ich fühle mich hilflos.	Ich brauche Hilfe.
Ich fühle mich ohnmächtig.	Mir fehlt Macht.
Ich bin mir unklar, ...	Ich brauche Klarheit.
Ich fühle mich unsicher.	Ich brauche Sicherheit.

- Nutzen Sie Ihre moralischen Urteile, um Ihren Bedürfnissen auf die Spur zu kommen. Die Gegenteilmethode hilft Ihnen dabei. Hier zwei Beispiele:
  - „Du bist so rücksichtslos!" Gegenteil: „Du bist **rücksichtsvoll.**" ⇒ Ihr Bedürfnis: Rücksichtnahme
  - „Du solltest nicht so schnell fahren!" Gegenteil: „Du fährst nur so schnell, wie ich mich **sicher** fühle." ⇒ Ihr Bedürfnis: Sicherheit.
- Gehen Sie die Bedürfnisliste durch und spüren Sie nach, was Sie spontan anspricht. Ggf. sind es mehrere, dann suchen Sie das mit der höchsten Priorität.
- Schließen Sie zurück von Ihrer Lieblingsstrategie: Was wäre jetzt ein echtes Geschenk, das Sie erhalten könnten?

Was würde sich dadurch für Sie erfüllen? (z.B. „Am schönsten wäre es jetzt, wenn jemand mal sagt, was ich hier im Unternehmen letztes Jahr geleistet habe." ⇒ Bedürfnis: Würdigung Ihrer Leistungen).

- Wenn Sie mehrere Bedürfnisse erkennen, empfiehlt es sich, das Bedürfnis mit der höchsten Priorität zu benennen. Und zwar das, das Sie **jetzt** haben, während Sie dem Gesprächspartner gegenüber stehen. „Im Moment fällt es mir nicht leicht, Sie darauf anzusprechen, weil ich die Sicherheit brauche, dass uns unser Gespräch nicht nur sachlich weiterbringt, sondern dass wir auch als Kollegen zueinanderfinden ..."
- Wenn Sie die Priorität zuerst nicht erkennen, dann können Sie die gefundenen Bedürfnisse paarweise vergleichen, indem Sie die Bedürfnisse aussprechen und spontan spüren, welches Sie mehr anspricht.
- Bisweilen sind Kombinationen von Bedürfnissen sinnvoll, z.B. „Ich bin unzufrieden und brauche die Sicherheit, auf Ihre Aussage vertrauen zu können ..." (Bedürfnisse: Sicherheit und Vertrauen) oder „Ich bin unsicher und brauche die Gewissheit, dass unsere Kunden vor weiteren Schäden geschützt sind ..." (Bedürfnisse: Gewissheit und Schutz der Kunden). Das höher priorisierte Bedürfnis wird zuerst genannt, es korrespondiert mit dem Gefühl. Die Bitte im Anschluss wird sich darauf beziehen.
- Wenn bei allen Versuchen immer noch zwei Bedürfnisse gleichrangig sind, dann können Sie auch beide offenlegen, z.B. „Angesichts der Marktlage bin ich hin und her gerissen

(Gefühl), weil ich mir auf der einen Seite wünsche, dass unsere Mitarbeiter die Information erhalten, die Sie brauchen, um sich hier sicher zu fühlen (Beitragen zum Wohl anderer) und gleichzeitig möchte ich auch ehrlich sein, dass ich zur Zeit keine Lösung habe."

- Wenn Sie keines der gefundenen Bedürfnisse spontan anspricht, haben Sie das eigentliche Bedürfnis in der Regel noch nicht gefunden. Dann heißt es, weiter zu forschen, gegebenenfalls mit Unterstützung. Wenn Sie das Bedürfnis gefunden haben, werden Sie dies an Ihrer Erleichterung erkennen.

Bedürfnisse von Strategien trennen

Bedürfnisse offenzulegen, schafft Kontakt und Handlungsfreiraum. Doch Bedürfnisse zu äußern, ist nicht ganz so einfach, denn wir neigen dazu, die Strategie, wie unser Bedürfnis zu lösen ist, vorwegzunehmen. Damit sieht unser Gegenüber oft nur noch zwei Wahlmöglichkeiten: Ja oder Nein.

Beispiel: Die Flexibilität erhöhen

Er: „Ich habe das Bedürfnis, dich zu umarmen." Sie: „Schön. Ich nicht." „Umarmen" beschreibt kein Bedürfnis, sondern eine Strategie. Das Bedürfnis wäre z.B. Nähe und die Umarmung wäre eine mögliche Strategie zur Erfüllung. Alternativen wären etwa ein Gespräch, ein gemeinsamer Spaziergang, zusammen essen gehen, tanzen ...

Wenn wir Strategien hören, ohne die Bedürfnisse bzw. Absichten dahinter zu erkennen, sehen wir unsere Selbstbestimmung gefährdet und werden misstrauisch. Wir reagieren eher mit Abwehr, weichen aus oder beginnen, uns zu rechtfertigen. Der Unterschied zu abstrakten Bedürfnissen: Strategien

- können Sie tun, z.B. umarmen, sprechen, schweigen,
- können Sie anfassen, z.B. Menschen, Handy, Auto,
- können Sie messen, z.B. Zeit, Geld, Wasser, Wein,
- beschreiben Lösungen, z.B. Machbarkeitsanalyse, Zielvereinbarung, Gewaltfreie Kommunikation.

Beispiel: Bedürfnis vermischt mit der Strategie

Mitarbeiterin zum Chef: „Ich brauche Vertrauen in meine Leistung **von Ihnen**." (= Strategie, denn Personen können wir anfassen). Damit wäre die Lösung eingeengt auf den Chef.

Bedürfnis getrennt von Strategie: „Ich brauche Vertrauen." Es sind viele Strategien denkbar, wie das Bedürfnis nach Vertrauen befriedigt werden könnte: durch die Person selbst (Selbstvertrauen) oder durch andere Menschen, die nicht unbedingt der Chef sein müssen (Ehemann, Freundin, Kollegen, Coach usw.).

Besonders wenn wir bestimmte Menschen als ausschließliche Möglichkeit zur Erfüllung unserer Bedürfnisse sehen, wittern diese die Gefahr von Abhängigkeit und werden sich wehren. Oder sie handeln aus Pflicht statt aus freiem Herzen. Wie würde es in unserem Eingangsbeispiel – dem Gespräch über die fehlenden Vertriebszahlen – aussehen, wenn der Chef sich von seinem Gefühl „Enttäuschung" den Weg weisen lässt und keine Strategie, sondern ein echtes Bedürfnis äußert?

Beispiel: Wo sind die Vertriebszahlen? (Fortsetzung)

„Ich habe verstanden, dass Sie mir die Vertriebszahlen bis heute Mittag zusenden und jetzt kann ich keine E-Mail von Ihnen in meinem Postfach sehen. Ich bin enttäuscht, **weil mir wichtig ist, mich auf Absprachen verlassen zu können** ..." (Bedürfnis)

Bitten statt fordern

Bitten führen die abstrakten Bedürfnisse auf eine reale Ebene. An dieser Stelle entscheidet sich, aus welcher Haltung wir tatsächlich sprechen.

Das Ziel: Beziehungen auf Augenhöhe

Wenn wir ein Win-win-Ergebnis aushandeln wollen, sind wir daran interessiert, Lösungen zu erzielen, bei denen beide gewinnen, nicht nur eine Seite. Uns mit Hilfe von GFK manipulativ durchzusetzen, mag eine Versuchung sein. Sie ist dann allerdings umso nachhaltiger mit Vertrauensverlust verbunden. Nachzugeben um des lieben (Schein-)Friedens willen, führt in kleinen Schritten in kalt eskalierende Konflikte. Ihr Gegenüber lernt: „Wozu soll ich ihn ernst nehmen, wenn er es selbst nicht tut?" Das wird wohl auch nicht Ihr Ziel sein.

Unser Ziel ist, eine wertschätzende Verbindung auf Augenhöhe herzustellen, die nachhaltige Lösungen für **beide** Seiten ermöglicht.

Augenhöhe bedeutet, dass die Bedürfnisse der Konfliktparteien gleichwertig sind – unabhängig von Rang bzw. strukturellen Machtverhältnissen. Damit ist nicht gemeint, Autorität respektlos zu behandeln, sondern sich nicht aus Angst vor ihr zu unterwerfen und die eigenen Bedürfnisse zu verneinen.

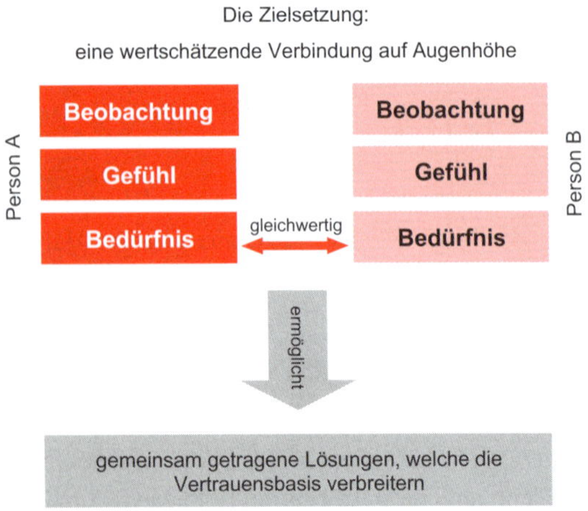

Auf Bedürfnisebene sind alle Konflikte lösbar

Freiwillig erfüllte Bitten

Wenn Sie Konflikte in diesem Sinne auf Augenhöhe lösen wollen, empfehle ich, sich mit folgender Frage grundsätzlich auseinanderzusetzen: Welche Gründe sollen Ihr Gegenüber leiten, Ihnen Ihre Bitte zu erfüllen? Ihr Preis ist hoch, wenn die andere Person Ihre Bitte erfüllt, weil

- sie sich schämt oder Schuldgefühle hat, weil sie glaubt, für Ihre Gefühle verantwortlich zu sein: „Wenn er so frustriert ist, dann muss ich natürlich ...",
- sie aus Gehorsam oder Pflicht handelt und sich damit einer (inneren) Autorität unterordnet: „Der Chef hat's gesagt. Ich muss besser werden und hart an mir arbeiten.",
- sie versucht, sich Wohlwollen zu erkaufen: „Wenn ich das mache, dann bekomme ich sicher ein Lob.",
- sie Angst vor den Konsequenzen hat, falls sie Nein sagt: „Sonst werde ich sicher bestraft.".

In all diesen Fällen – so meine Prognose – werden die Lösungen nicht nachhaltig sein, denn sobald Ihr Gegenüber sich in Sicherheit wiegt, wird ein Nein in Worten oder Taten folgen – ein typischer Effekt bei faulen Kompromissen. Im günstigen Fall kann ich nun mit der Verhandlung neu beginnen. Im ungünstigen Fall bemerke ich nicht, was tatsächlich passiert, und trage doch die Folgen mit.

> Jede Bitte ist die Chance, jemandem ein Geschenk zu machen. Der einzige Grund, dem Menschen gerne folgen, wenn sie uns Geschenke machen, ist: freiwillig.

Wie Sie Bitten von Forderungen unterscheiden

Wenn Sie versuchen, sich mit einer Forderung durchzusetzen, dann sieht Ihr Gegenüber meist nur zwei Optionen: Unterwerfung oder Rebellion. Und in beiden Fällen werden Sie das Vertrauen und Wohlwollen des Gegenübers verlieren.

Beispiel: Nachtschicht

Mayer: „Herr Lehmann, übernehmen Sie bitte heute die Nachtschicht für mich?"

Lehmann: „Nö, diesmal nicht, wir wollen heute Abend ausgehen."

Mayer: „Aber Sie sind mir das schuldig!! Letzte Woche habe ich schließlich für Sie ..."

Ob Sie wirklich eine Bitte formulieren oder doch nur eine Forderung stellen unter dem Deckmäntelchen einer Bitte, können Sie am besten anhand Ihrer Reaktion auf ein Nein erkennen. Wenn Sie auf das Nein die Achtung vor dem anderen verlieren, die Augenhöhe verloren geht, Machtspiele beginnen, dann haben Sie eine Forderung gestellt.

Verwandeln Sie „müssen" in „wollen"

Auch wenn vieles, was wir tun „müssen" einen Sinn ergeben mag, so werden sich viele Menschen dagegen entscheiden, wenn diese Strategien ihre Bedürfnisse nicht erfüllen. Aber manche Dinge muss man einfach tun? Wenn wir die Realität in Unternehmen betrachten, stellen wir rasch fest, dass Mitarbeiter Anweisungen nicht ausführen „müssen": Da wird vergessen, übersehen, Information zurückgehalten ... Ein weiterer Grund, weshalb es sich lohnt, bei Vereinbarungen Energie zu investieren, um die Bedürfnisse beider Seiten herauszufinden. Denn, was wird der andere gegen eine Lösung einwenden, die seine Bedürfnisse erfüllt? Wird es ihn stören, dass sich gleichzeitig auch die Ihren erfüllen? Sicher nicht. Dann wird aus einem Müssen ein motiviertes Wollen.

Beziehung vor Lösung

In Konflikten neigen wir dazu, Lösungen vorzuschlagen, obwohl die Beziehungsebene noch nicht geklärt ist. Solange a) wir noch nicht in der Lage sind, die Bedürfnisse des Gegenübers zu benennen und b) die Freiwilligkeit noch ungeklärt ist, wird jede Lösung ein Schuss ins Dunkle sein. Fragen Sie sich: „Sind wir schon so weit beieinander, dass wir darauf vertrauen können, dass jeder bereit ist, aus freiem Willen Vereinbarungen einzugehen und zu halten?" Falls Ihr Bauch Nein sagt, was können Sie tun? Solange Sie die Vertrauensbasis noch nicht haben, empfehle ich, immer wieder Beziehungsbitten ins Gespräch zu integrieren.

Drei verschiedene Bitten

Beziehungsbitte 1: Um Rückmeldung bitten

Wenn Ihnen wichtig ist sicherzustellen, dass der Sinn Ihrer Äußerung angekommen ist: Fragen Sie nach, wie sie der andere verstanden hat. Denn manchmal haben wir uns nicht verständlich gemacht oder unser Gegenüber hat etwas anderes gehört, als wir gemeint haben.

Gemeinte Botschaft ist noch nicht gesagte Botschaft. Gesagte Botschaft ist noch nicht empfangene Botschaft. Empfangene Botschaft ist noch nicht verstandene Botschaft.

Beispiel: Die Ampel

Er: „Die Ampel ist rot!" Sie: „Das sehe ich. Du glaubst wohl, ich sei zu doof zum Fahren!" Gesendete Botschaft: Ich habe Angst um meine Sicherheit. Empfangene Botschaft: Kritik an der Person.

Die schlichte Frage „Hast du mich verstanden?" führt Sie dabei meist nicht zum Ziel. Antwortet Ihr Gesprächspartner mit Ja, kann es dennoch sein, dass er Sie nicht so verstanden hat, wie Sie es gemeint haben. Wenn Sie dagegen fragen: „Ich bin mir nicht sicher, ob ich mich wirklich verständlich gemacht habe. Bist du bereit, mir zu sagen, **was** du verstanden hast?", wird Ihnen die Antwort helfen zu erfahren, ob Ihre Worte so angekommen sind, wie sie beabsichtigt waren.

Beziehungsbitte 2: Die Hand reichen

Manche Botschaften können bei allen Bemühungen, fair zu sein, für Ihren Gesprächspartner schmerzlich sein. Dann können Sie nachfragen, was er dabei fühlt. Damit geben Sie Ihrem Gegenüber Raum für die ausgelösten Gefühle.

Beispiel: Was ist los, Herr Mayer? Variante 1

Chef: „Herr Mayer, es fällt mir nicht leicht, dies heute anzusprechen. Ich bin in den letzten drei Wochen sehr unzufrieden mit Ihrer Arbeitsleistung. Besonders das letzte Projekt erreichte, wie Sie selbst berichtet haben, bei weitem nicht die Ziele. Ich brauche die Sicherheit, dass Sie wirklich ganz bei der Sache hier in unserem Unternehmen sind. Wie ist das für Sie, wenn ich das so direkt anspreche?" Der Vorgesetzte signalisiert Herrn Mayer mit dieser Frage, dass er zu den Gefühlen stehen darf, die nach einer solchen Feststellung in ihm aufkommen. Das schafft Vertrauen.

Wenn jemand nicht tut, was Sie erwartet haben, und Ihnen die Beweggründe des anderen unverständlich sind, können Sie nach den „guten Gründen" (= Bedürfnissen) fragen, die den anderen z. B. davon abgehalten haben. Ohne Kenntnis dieser Bedürfnisse würden wieder Lösungen entstehen, die diese vermutlich nicht berücksichtigen (Tragfähigkeit!).

Beispiel: Was ist los, Herr Mayer? Variante 2

Chef: „Herr Mayer, es fällt mir nicht leicht, dies heute anzusprechen. Ich bin in den letzten drei Wochen sehr unzufrieden mit Ihrer Arbeitsleistung. Besonders das letzte Projekt erreichte, wie Sie selbst berichtet haben, bei weitem nicht die Ziele. Sind Sie bereit offenzulegen, ob es etwas gibt, das Sie davon abhält, ganz bei der Sache zu sein?"

An dieser Frage kann Herr Mayer erkennen, dass sein Chef ihn nicht sofort verurteilt, obwohl die Ergebnisse nicht seinen Erwartungen entsprechen. Er gesteht ihm zu, verständliche Gründe dafür zu haben. So kann er sich wertgeschätzt fühlen und erkennen, dass ihm Vertrauen entgegengebracht wird.

Checkliste: So prüfen Sie Ihre Haltung bei Bitten

- Bin ich bereit zu sagen, was mir wirklich wichtig ist? Verzichten Sie heute auf organisierte Gleichgültigkeit: Höflichkeit. Oder wie der Autor und GFK-Trainer Kelly Bryson sagt: Sei nicht nett, sei echt. Wenn Sie sich mit Ihren Bitten zumuten, ist das Ausdruck Ihres Zutrauens, dass andere in der Lage sind, Geschenke zu machen.

- Bin ich bereit, mir das Bedürfnis auch selbst zu erfüllen?
- Halte ich mehrere Lösungen für möglich? (Wenn nicht, habe ich das Problem nicht wirklich verstanden!)
- Ist mir bewusst, dass wir gemeinsam wohl mehr Lösungsoptionen finden als ich allein?
- Bin ich offen, ein Nein zu hören (ohne die Achtung vor dem anderen zu verlieren)?
- Sehe ich ein Nein als Chance zu mehr Gemeinsamkeit?
- Gehe ich ergebnisoffen in die Verhandlung? Bin ich mir im Klaren, dass ich zwar eine Lieblingsstrategie habe, im Wesentlichen jedoch darauf achte, meine Bedürfnisse erfüllt zu bekommen und nicht meine Strategie?

Wie Sie Bitten erfolgreich formulieren

Die Worte und Sätze, mit denen Sie Ihre Bitte äußern, können den weiteren Gesprächsverlauf entscheidend beeinflussen.

Übersicht: Bitten erfolgreich formulieren	
Kriterium	Folge/Beispiel
Gegenwärtig	Statt ein Versprechen abzuringen: „Ich möchte, dass du dein Zimmer immer aufräumst", besser: „Bist du bereit, in einer halben Stunde dein Zimmer aufzuräumen?" Er kann jetzt Ja oder Nein sagen.
konkret statt vage	Statt „Können Sie sich das Auto diese Woche vornehmen?", besser: "Können Sie das Auto bis Freitag 12 Uhr reparieren?
positiv formuliert	Statt „Ich will keine Fahrkarte nach Rom." besser: „Ich will eine Fahrkarte nach Oslo."
einladend	Betont die Entscheidungsfreiheit der anderen Person: „Sind Sie bereit, ... zu tun?"

Haben Sie damit eine Garantie auf ein Ja? Sicher nicht. Jedes Nein ist eine hilfreiche Information darüber, dass mindestens ein Bedürfnis bei unserem Gegenüber durch diese Strategie nicht erfüllt wäre – wir können dann weiterverhandeln. Ein Nein kann Sie nicht erschrecken, wenn Sie sich bewusst sind: Jedes Nein ist die Chance zu mehr Gemeinsamkeit. Besser ein Nein als leere Versprechungen und Absichtserklärungen. Die schlimmste Antwort, die Sie bekommen können, ist ein Ja, bei dem unklar bleibt, ob es als Ja gemeint ist.

An wen Sie Ihre Bitte richten

Bedürfnisse sind nicht gekoppelt an bestimmte Strategien. Bei jeder Bitte können wir daher grundsätzlich auch drei Adressaten in Betracht ziehen:

- Uns selbst: Eine Person, die wir möglicherweise übersehen und die uns viele Bitten erfüllen kann (aber nicht muss), sind wir selbst.

> Jedes Vertrauen, das wir suchen, ist im Kern Selbstvertrauen.

- Unser Gegenüber: Möglicherweise ist Ihr Gegenüber im Moment der Ungeeignetste aus 6,5 Mrd. Menschen, weil, egal was Sie sagen, er keine Bitte hören würde, sondern eine Forderung. Er hat vielleicht die Erfahrung gemacht, dass ihm viele Forderungen gestellt wurden und kann momentan nicht vertrauen, dass Sie tatsächlich sein Handeln aus freien Stücken wollen.
- Dritte Personen: Falls Sie vor einer sehr schwierigen Situation stehen bzw. Ihr Gegenüber Ihnen Befangenheit unterstellt, so können Sie sich Unterstützung bei einem gemeinsamen Freund, Coach oder Mediator holen.

Bitte ausgesprochen – und was dann?

Gehen wir abschließend wieder zurück zu unserem Beispielgespräch zwischen dem Chef und Frau Müller. In welcher Formulierung wäre die Bitte des Chefs zielführend?

Beispiel: Wo sind die Vertriebszahlen? (Fortsetzung)

„Ich habe verstanden, dass Sie mir die Vertriebszahlen bis spätestens heute Mittag zusenden und jetzt kann ich keine E-Mail von Ihnen in meinem Postfach sehen. Ich bin enttäuscht, weil mir wichtig ist, mich auf Absprachen verlassen zu können. **Sind Sie bereit zu sagen, was Sie davon abgehalten hat sicherzustellen, dass ich die Zahlen bekomme?"** (Bitte)

Nun wäre es natürlich nicht realistisch anzunehmen, Frau Müller könnte auf diese Sätze so reagieren, dass die beiden sofort zu einer Win-win-Lösung kommen können. Hier fehlt also noch etwas: Wir haben bisher die Reaktionen von Frau Müller nicht beleuchtet. Denn in der Regel erwidert unser Gesprächspartner etwas auf unsere Äußerungen von Beobachtungen, Gefühlen, Bedürfnissen und unsere Bitten. In der GFK ist deshalb der zweite Bereich „empathisch hören" von entscheidender Bedeutung. Denn durch empathisches Hören können wir die Bedürfnisse unseres Gegenübers herausfinden. Solange diese Bedürfnisse nicht ebenso wie die unseren erfüllt werden, ist keine Strategie nachhaltig. In unserem Beispiel: Wie kann der Chef die Chancen erhöhen, dass seine Bitte erfüllt wird, indem er Frau Müller empathisch zuhört? Dazu lesen Sie mehr im folgenden Kapitel.

Auf einen Blick: Sich aufrichtig zeigen

- Wer sich in der Kommunikation wertschätzend zeigt, erhöht seine Chancen, gehört zu werden.
- Äußern Sie Ihre Beobachtungen, ohne zu werten. Damit schaffen Sie eine konsensfähige Grundlage.
- Wenn Ihr Gesprächspartner weiß, was Sie fühlen, kann er besser auf Sie eingehen. Verwechseln Sie Gefühle jedoch nicht mit Schuldzuweisungen, bleiben Sie bei sich!
- Bedürfnisse sind die Triebfedern unseres Handelns, die alle Menschen teilen.
- Klären Sie Ihre Bedürfnisse und äußern Sie diese. Achten Sie darauf, sie nicht mit den Strategien zu vermischen.
- Nachhaltige Lösungen entstehen, wenn sie die Bedürfnisse beider Seiten erfüllen. Legen Sie im Verhandlungsprozess den Fokus auf Ihre Bedürfnisse und bleiben Sie flexibel in Ihren Erfüllungsstrategien.
- Die Chance zur Erfüllung Ihrer Bitten wird größer, wenn die Vertrauensbasis gesichert ist. Sie erkennen Ihre Haltung an der Freude, dass Sie Bitten nur aus einem Grund erfüllt haben wollen: freiwillig.
- Wenn Sie ein Nein nicht akzeptieren können, ohne die Achtung zu verlieren, haben Sie gefordert, nicht gebeten. Legen Sie das offen und suchen weiter nach Lösungen, wie die Bedürfnisse beider Seiten erfüllt werden können.

Empathisch hören

Auch unser Gesprächspartner äußert Wünsche, Erwartungen, Gefühle, Bedürfnisse – aber nicht immer so, dass seine Botschaften bei uns auch ankommen. Wir erhöhen die Chancen, das Wesentliche zu verstehen, wenn wir empathisch hören.

Im folgenden Kapitel erfahren Sie,

- warum Sie mit Hilfe des „Hörens" den Kontakt zu Ihrem Gesprächspartner herstellen können,
- was Empathie eigentlich ist und warum sie deeskalierend und verbindend wirkt,
- was uns bisweilen daran hindert, uns wirklich in den anderen einzufühlen,
- wie Sie durch den Wechsel zwischen „sich aufrichtig zeigen" und „empathisch hören" den Weg für die Lösung eines Konflikts frei machen.

Schuld oder Verständnis – wie hören wir?

Beispiel: Auseinandersetzung mit dem Vorgesetzten

Im Gespräch mit meinem Vorgesetzten geht es seit 15 Minuten heiß her, da kommt folgende Aussage von ihm: „Was nutzt es, mit Ihnen zu sprechen? Sie hören eh nie zu!"

Nun gibt es grundsätzlich vier Möglichkeiten dieses „Liebesgedicht" zu hören:

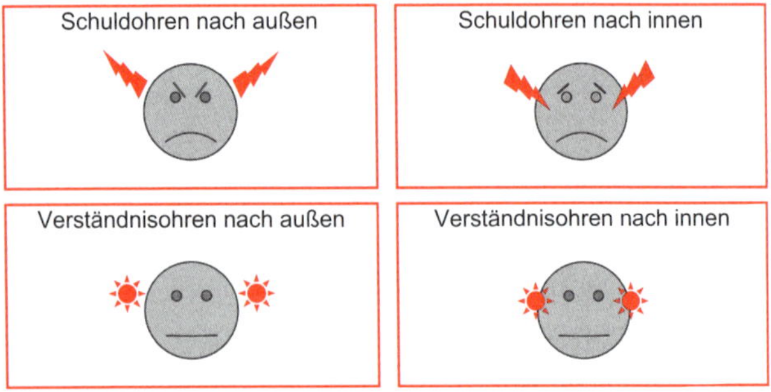

Vier Möglichkeiten, eine Botschaft zu hören

Schuldohren nach außen gerichtet

Ich gebe dem anderen die Schuld: „Sie geben sich ja gar keine Mühe, vernünftig mit mir zu reden!" (unausgesprochen: „Ich wusste, er würde versuchen, sich auf meine Kosten durchzusetzen!"). Ich baue ein Feindbild auf, reagiere mit Ärger und mache den anderen für meine Gefühle verantwortlich.

Schuldohren nach innen

Ich gebe mir die Schuld, ich nehme die Aussage des anderen persönlich: „Er hat wohl recht, ich bin unkonzentriert! Vielleicht bin ich auch zu dumm und begreife es nicht." Die hartnäckigsten Bewertungen und Vorurteile bringen wir oft uns selbst entgegen. Das ist der Grund, warum es uns so schwerfällt, sachlich geäußerte Kritik nicht persönlich zu nehmen. Wir stimmen dem anderen innerlich zu. Aus solchen Urteilen über uns resultieren Scham und Schuldgefühle. Wenn wir lange genug mit uns so reden, fühlen wir uns deprimiert.

Verständnisohren nach außen (empathisches Hören)

Da Verurteilungen ein Ausdruck von Gefühlen und Bedürfnissen sind, kann ich meine Aufmerksamkeit auch darauf richten anstatt auf die Worte:

- „Sind Sie nach der ganzen Diskussion genervt, weil Sie die Sicherheit brauchen, dass Ihre Sichtweise ernst genommen wird?"
- „Sind Sie nach so vielen Worten frustriert und brauchen die Gewissheit, dass wir in der Sache vorankommen?"
- „Ich vermute, Sie sind nach der ganzen Zeit, die Sie sich für mich genommen haben, ziemlich frustriert? Und es wäre für Sie leichter, wenn Sie wüssten, was von Ihrem Standpunkt bei mir angekommen ist?"

Ich interpretiere die Aussage des anderen, daher stelle ich Fragen, ohne etwas zu behaupten. Das Wesentliche dabei ist nicht, dass ich mit meiner Interpretation „ins Schwarze" treffe, sondern dass ich mein ehrliches Interesse am anderen zeige (was in erster Linie über Stimme und Körpersprache wahrnehmbar wird: 90 %!).

Verständnisohren nach innen (Selbstempathie)

Wenn es mir nicht so leicht fällt, die Botschaft als Wertschätzung zu hören, ich also mit Schuldohren höre, was kann ich dann tun? Dann gebe ich mir zuerst selbst Verständnis, um wieder in eine Verhandlungshaltung zu kommen. Ich grabe aus dem Sumpf meines Urteilstheaters (Schuldohren innen und außen), das ich mir von außen ansehe, den Diamanten aus – meine Gefühle und Bedürfnisse: „Im Moment bin ich hin und her gerissen, denn ich möchte auf der einen Seite seine Anstrengungen würdigen, sich verständlich zu machen, und andererseits aufrichtig sein, wenn mich seine Argumente nicht überzeugen. Wieso kann ich seiner Strategie eigentlich nicht zustimmen? Hm, wohl, weil ich darin keine Perspektive für mich sehe (Urteil: was ich nicht will) – und genau die brauche ich! (Fokus zurück zu: was ich will)."

> Voraussetzung für Fremdachtung ist Selbstachtung.

Kontakt schaffen mit Verständnisohren

Wer entscheidet, welche der vier Optionen Sie wählen? Immer Sie selbst! Kein Mensch hat die Macht, Ihnen andere Ohren aufzusetzen, sie von innen nach außen oder umgekehrt zu drehen. Ihre Haltung wird sich in Ihrer Wahl widerspiegeln. Schuldohren sind denkbar ungeeignet, um Kontakt herzustellen. Verständnisohren erhöhen die Wahrscheinlichkeit, den Kontakt so zu gestalten, dass die „Rollladen oben bleiben".

Die Macht der Empathie

Von den vier Varianten dürfte die dritte (empathisch hören) Sie vermutlich am meisten herausfordern. Möglicherweise sind Sie gewohnt, logisch zu argumentieren. Zuzuhören hat dann mehr damit zu tun zu warten, bis man dran ist, um seine eigene Sichtweise zu vertreten. Wir ringen um ein „Entweder du oder ich". Jeder, der spricht, möchte, dass die eigenen Gefühle und Bedürfnisse beim Gegenüber ankommen. Solange er nicht die Sicherheit hat, dass dem so ist, wird er seine Anstrengungen (häufig argumentativ) verdoppeln. Dies führt jedoch meist zum Gegenteil.

> Je mehr wir argumentieren, desto weniger werden unsere Bedürfnisse gehört.

Der US-amerikanische Präsident Barack Obama spricht sich in seinem Buch „Audacity of Hope" für die Macht der Empathie aus – das Herzstück seiner Anschauungen –, einer Fähigkeit und Haltung, die zum Ziel hat, eine Wahrhaftigkeit zu leben, die über die reinen Worte hinaus geht.

Was haben Sie davon?

Die wichtigsten Gründe, die für empathisches Zuhören spreche, sind folgende:

- Das Gespräch kommt wieder in Fluss. Anstatt zäh weiter zu diskutieren oder die eigenen Darlegungen zu wiederholen, wird Ihr Gegenüber klarer und kommt zum Punkt.

- Das empathische Hören wirkt deeskalierend und führt dazu, dass Sie Ihr Feindbild abbauen und Ihre Angst vor der Person schwindet. Wenn besonders starke Gefühle wie Angst, Ärger oder Wut bei Ihnen ausgelöst werden, warten Sie sieben Sekunden, bevor Sie verbal reagieren. Das überbrückt die Zeit, die Ihr System braucht, um aus dem Überlebensmodus herauszukommen. In diesem Modus würden Sie typischerweise mit Angriff, Flucht oder Verteidigung reagieren.
- Es klärt sich, an welchen Punkten Sie etwas nicht ganz verstanden oder missverstanden haben. Sollte Ihre Wiedergabe nicht mit seiner Position übereinstimmen, wird Ihr Gesprächspartner dies in der Regel richtig stellen: „Nein, so ist das nicht, sondern …“. Das heißt, er gibt Ihnen wertvolle Informationen, die es Ihnen erleichtern, ihm näher zu kommen.
- Ihnen wird klar, welche Bedürfnisse der andere hat (50 % der Miete für eine Win-win-Lösung!).
- Ihre Chancen steigen, ebenso Gehör zu finden.
- Jeder Mensch möchte verstanden werden. Die Fähigkeit, in dieser Situation den Fokus zuerst auf die Qualität der Beziehungsverbindung zu legen, anstatt bereits das Problem zu lösen, bietet wundersamerweise den Nährboden für die eigentliche Konfliktlösung.

> Wenn es ein Geheimnis des Erfolges gibt, dann ist es das: Den Standpunkt des anderen zu verstehen und die Dinge mit seinen Augen zu sehen. (Henry Ford)

Empathisch hören – aber wie?

Empathie ist etwas, das entsteht, **bevor** wir reden. Es bedeutet sinnbildlich, ganz in den Schuhen des anderen zu stecken. Das heißt nicht, das gleiche zu fühlen, sondern bei ihm zu sein und die Welt mit seinen Augen zu sehen. Seine Sichtweise ist für ihn genauso real wie unsere für uns! Es geht nicht darum, die Wahrheit zu finden, sondern beide Wahrnehmungen anzuerkennen. Bedenken Sie auch: 80 % der Empathie findet still statt, äußert sich vielleicht in einem „hhm ... hhm...".

Empathisches Hören beinhaltet die Bereitschaft, ...

- meinen Gesprächspartner zuerst verstehen zu wollen – besonders dann, wenn ich seine Meinung nicht teile – und dann erst verstanden werden zu wollen,
- ihn mit seinen Erfahrungen, Wahrnehmungen, Gefühlen, Bedürfnissen und (unausgesprochenen) Bitten ernst zu nehmen, insbesondere, wenn er es auf eine Weise macht, die mir kein Vergnügen bereitet,
- ihm zu zeigen, dass mich das, was er zu sagen hat, interessiert, weil es mir um ein Win-win-Ergebnis geht,
- zu prüfen ob ich gerade selbst Empathie brauche, wenn mein natürliches Interesse am anderen nachgelassen hat.

Es fällt vielen leichter, mit Kollegen und Mitarbeitern in untergeordneten Positionen einfühlsam umzugehen, als mit ihren Chefs. In hierarchisch strukturierten Unternehmen haben wir die Tendenz, von Menschen, die hierarchisch über uns stehen, Befehle und Urteile zu hören. Dann wird gerechtfertigt oder entschuldigt, statt zu verstehen, was dem Chef wichtig ist. Auch Chefs möchten verstanden werden. Eine der größten Herausforderungen mag sein, ihnen die Etiketten „Chef", „strafende Instanz", oder „Feind" abzureißen und dahinter den Menschen mit seinen Bedürfnissen zu sehen. Gespräche auf Augenhöhe sind für Vorgesetzte und Mitarbeiter nicht nur stressfreier, sondern auch konstruktiver.

> Wenn wir wirklich gehört werden mit unseren Gefühlen und Bedürfnissen, ändern wir uns. (Marshall B. Rosenberg)

Heißt Verständnis Einverständnis?

Einer der häufigsten Gründe, nicht verständnisvoll zuzuhören, resultiert aus der Angst, dass Verständnis mit Zustimmung verwechselt wird. Wir glauben, wir könnten es uns nicht leisten, das Verstandene wiederzugeben, weil die anderen dies als Zeichen sehen könnten, dass wir mit ihren Strategien einverstanden sind. Wie in der Abbildung auf der nächsten Seite zu sehen, setzt Verständnis jedoch bei den Bedürfnissen an, das Einverständnis dagegen bezieht sich erst auf den nächsten Schritt: die Bitte. Daher können wir bedenkenlos so lange empathisch zuhören, bis uns die andere Person wieder hören kann – ohne jemals zugestimmt zu haben.

Beispiel: Geben Sie's zu!

A: „Wie konnten Sie nur so dumm sein und diesen Preis akzeptieren!" B: „Wenn Sie an die Gesamtkosten denken, sind Sie aufgebracht, weil Sie gerne mehr Spielraum hätten?" A: „Sie meinen also auch, dass ich recht habe und Sie da einen dummen

Fehler gemacht haben?" B: „Sie fragen sich, wie ich so handeln konnte?" A: „Nein, ich meine nur, Sie sollten zugeben, dass Sie einen Fehler gemacht haben!" B: „Sie wollen wissen, ob ich bedauere, so gehandelt zu haben?" A: „Ja, genau." B: „Nein." A ist sprachlos. B: „Vermutlich wollen Sie meine Beweggründe verstehen, diesem Preis zuzustimmen, weil Ihnen wichtig ist, dass wir Einkäufer den Unternehmenszweck nicht aus den Augen verlieren?" A: „Äh, ja." B: „Wir haben uns gemeinsam deren Produktionsprozesse angeschaut und das Einsparpotenzial ab nächstem Jahr auf unseren Preis angerechnet. Damit liegen wir im Schnitt unter dem Preis, den wir uns als Limit gesetzt hatten."

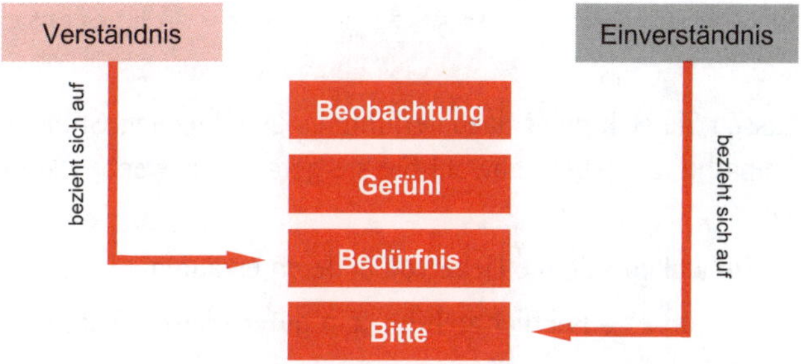

Verständnis heißt nicht automatisch Einverständnis

Was empathischem Hören im Wege steht

Obwohl uns Empathie in die Wiege gelegt wurde und sie daher keiner zu lernen braucht, tun wir uns aufgrund unserer erlernten und anerzogenen Verhaltensweisen oft schwer, den anderen abzuholen, wo er ist.

Sie selbst brauchen Empathie

Bevor wir uns anderen empathisch zuwenden können, sollten wir die Grundlage schaffen, die es uns ermöglicht, uns in andere einzufühlen. Denn: Wir können nicht geben, ohne zu haben! Wenn die Dinge nicht wie gewünscht laufen, wenn Menschen sich anders verhalten, als es uns lieb ist, dann brauchen wir zuerst Verständnis für uns selbst. Ob Wut, Angst, Enttäuschung – nehmen Sie Ihre Gefühle und damit sich selbst ernst.

> Wir können andere nicht empathisch hören, wenn wir selbst Empathie brauchen.

Lassen Sie sich nicht dazu verführen, aus folgenden Gründen Empathie zu geben, obwohl Sie sie gerade nicht geben können:

- Sie wollen sich die Liebe von anderen erkaufen.
- Sie tun es aus Pflichtgefühl: „Ein guter Mensch hat so zu handeln!"
- Sie haben Angst: „Was passiert mir, wenn ich keine Empathie gebe, explodiert er dann?"
- Sie verstehen Empathie dogmatisch: Die Autorität hat es gesagt, also muss ich empathisch sein.

Wenn Sie aus solchen Gründen versuchen, sich einzufühlen, führt das dazu, dass Ihr Gegenüber irgendwann frustriert spürt, dass Sie selbst Empathie brauchen. Sorgen Sie für sich, bevor Sie für andere zum hilflosen Helfer werden. Oder wollen Sie sich von einem Berater beraten lassen, der selbst in der gleichen Not ist? Empathie ist einfach, aber nicht leicht, weil einem die eigenen Gedanken und Gefühle ständig in die Quere kommen. Prüfen Sie die Absicht, aus der heraus Sie gerade empathisch zuhören wollen. Und: Widerstehen Sie der Versuchung, sich zu verurteilen: „Ich sollte ganz bei der anderen Person sein. Ich kann diese Empathie einfach nicht."

Wir sind bei uns statt beim anderen

Einer der häufigsten Gründe, warum wir nicht empathisch sind: Wir lassen uns nicht wirklich auf den anderen ein, weil wir zu sehr in eigenen Gefühlen und Gedanken verhaftet sind:

- **Wir trösten, beschwichtigen, ermutigen, statt wirklich präsent zu sein:** „So schlimm wird das schon nicht werden.", „Ich finde, Sie sollten ..." „Warum hast du nicht ...?" „Das war nicht dein Fehler, du hast dein Bestes getan." „Wenn du es so gemacht hättest wie ..." Mit solchen Sätzen versuchen wir eher das Problem rasch loszuwerden, als uns in den anderen einzufühlen.

> Gefühle und Bedürfnisse wollen ernst genommen werden. In diesem Moment sind Trost, Beschwichtigung, Ratschläge und Ermutigung fehl am Platz. (Marshall B. Rosenberg)

- **Wir versuchen, in der Sache richtig zu liegen, statt echtes Interesse am anderen zu zeigen:** Manchmal wollen wir sicher sein, dass wir die Situation richtig einschätzen. Wirklich in Kontakt mit der anderen Person kommen wir so jedoch nicht. Wenn Sie gerade Verständnis für Ihre Lage brauchen und einen Satz hören wie: „... so geht's dir. Stimmt's?", werden Sie Unbehagen fühlen. Empathie heißt:

echtes Interesse am anderen. Es bedeutet: hineinspüren, nicht hineindenken. Das genießen wir auch, wenn unser Gegenüber danebenliegt. Achten Sie deshalb auf den Ton, in dem Sie mit eigenen Worten wiedergeben, was der andere gesagt hat. Vermitteln Sie, dass Sie fragen, ob Sie ihn verstehen – und behaupten Sie nicht, verstanden zu haben, also statt „Du bist ..." – „Bist du ...?"

- **Wir konzentrieren uns auf die Strategien des anderen statt auf seine Bedürfnisse:** „Geht es dir darum, mehr Zeit zum Golf spielen zu haben (Strategie)?" anstatt „Willst du Abstand vom Büro gewinnen (Bedürfnis)?" Es kann sehr frustrierend für jemanden sein, der Verständnis braucht, wenn andere davon ausgehen, dass er Ratschläge oder Lösungen möchte. Wenn wir glauben, wir müssten Situationen „in Ordnung" bringen und dafür sorgen, dass es dem anderen wieder besser geht, ist dies ein Pflaster für uns, nicht für den anderen! Ähnlich verhält es sich in folgendem Beispiel.

Beispiel:

Sie zur Freundin: „Ich komme mit ihm einfach nicht zurecht. Jetzt meldet er sich schon wieder seit drei Tagen nicht bei mir. Kein Anruf, keine SMS, keine E-Mail, nichts." Freundin: „Ich weiß gar nicht, was du an dem findest. Der hat dich doch gar nicht verdient. Wie lange willst du eigentlich noch warten? Hau' ihn endlich zum Teufel!" Sie: „Aber ich liebe ihn doch!"

Die Lösung, sich zu trennen von jemandem, den sie liebt, gibt ihr nicht das Verständnis für ihren Schmerz und ihre Hilflosigkeit, das sie braucht.

Viele von uns sind es so gewohnt, bei Problemen die Lösung bereits parat zu haben, dass sie darüber vergessen zu fragen, ob die Lösung zum Problem passt.

- **Wir gießen Öl ins Feuer, statt uns einzufühlen:** Ich gebe dem anderen Recht und verstärke damit seine Urteile, anstatt widerzuspiegeln: „Ja, so ist das halt, mit manchen Männern kann man einfach nicht reden!" Eine empathische Version wäre: „Im Moment ist es ziemlich schmerzhaft mitzubekommen, wie weit ihr auseinander seid? Und du wünschst dir eine Inspiration, wie ihr wieder zueinander finden könnt?"
- **Wir erstellen Diagnosen und Analysen, statt einfach da zu sein:** „Das liegt wohl daran, dass du nicht hart genug verhandelt hast!" Wir denken über die Worte eines Menschen nach und achten darauf, wie sie in unsere Theorien passen (statt sie wahr-zunehmen).
- **Wir verwechseln Empathie mit Sympathie/Mitgefühl:** Wirklich zu präsent sein, bedeutet: Sie konzentrieren sich auf das, was Ihr Gesprächspartner von sich mitteilt, und nicht auf das, was das Mitgeteilte in Ihnen auslöst. Wenn jemand weint und Sie weinen mit, ist das Mitfühlen, aber nicht Einfühlen. Wenn Sie empathisch zuhören wollen: „Parken" Sie, was das Gesagte bei Ihnen ausgelöst hat (wie Sie es finden, was Sie dringend dazu sagen wollen) und kehren Sie zurück zur anderen Person.
- **Wir fragen aus, statt nachzufragen:** Fragen wie „Was habe ich (falsch) gemacht?", „Wie genau fühlst du dich?" oder „Was soll ich denn tun?" können leicht als aggressiver Akt missverstanden werden. Solche Sätze fordern Antwor-

ten oder gar Handlungsanweisungen. Sie bieten dem anderen nicht die Empathie, die er braucht, um seine Gefühle und Bedürfnisse klarzubekommen.

Wann hören wir mit Empathie auf?

So wie wir eine Klarheit darüber brauchen, wann wir in der liegenden Acht (siehe Abschnitt „Wozu Gewaltfreie Kommunikation?") vom „sich aufrichtig Zeigen" in das „empathisch Hören" wechseln, so brauchen wir auch Klarheit darüber, wann wir sinnvollerweise zurückgehen. Woran erkennen Sie, dass der andere genug Empathie bekommen hat? Wenn er (non-verbal) signalisiert, dass er gehört wurde, z. B. wenn sich die Stimme entspannt, er sich erleichtert setzt (im buchstäblichen und im übertragenen Sinn) bzw. aufhört zu reden.

Vom Konflikt zur Win-win-Lösung

In unserem Beispiel der Vertriebszahlen achtet der Chef darauf, immer wieder in die Empathie zurückzukehren, bis er die Sicherheit hat, dass Frau Müller gehört wurde und er ihr Anliegen verstanden hat. So kann er erkennen, dass Frau Müller Schutz und Vertrauen braucht. Ein Stück des Vertrauens kann er ihr bereits im Gespräch vermitteln, durch die Art, wie er mit ihr umgeht.

Beispiel: Wo sind die Vertriebszahlen? (Ende)

„Ich habe verstanden, dass Sie mir die Vertriebszahlen bis heute Mittag zusenden und jetzt kann ich keine E-Mail von Ihnen in meinem Postfach sehen. Ich bin enttäuscht, weil mir wichtig ist, mich auf Absprachen verlassen zu können. Sind Sie bereit zu sagen, was Sie davon abgehalten hat sicherzustellen, dass ich die Zahlen bekomme?" (Aufrichtigkeit)

Müller: „Äh, entschuldigen Sie, soll nicht mehr vorkommen."

Chef: „Sie bedauern, dass das so gelaufen ist?" (Empathie)

Müller: „Ja, klar. Es ist halt nun mal so viel zu tun."

Chef: "Ich kann nachvollziehen, dass Sie viel Arbeit haben, allerdings dürfte trotzdem immer noch Zeit sein, mir Bescheid zu geben, wenn Sie einen Termin nicht einhalten können. Ich vermute, irgendetwas hat Sie davon abgehalten? (A)

Sie etwas zögerlich: „Hhm, ja, ich kann Ihnen doch nicht sagen, dass ich's nicht schaffe. Wie stehe ich denn dann da?"

Chef: „Wie stehen Sie denn jetzt da?" (A)

Müller nach einer Pause: „Ist mir sehr peinlich."

Chef „Und genau davor wollten Sie sich schützen?" (E)

Frau Müller nickt.

Chef: „Hatten Sie Angst davor, wie ich reagieren könnte, wenn Sie mir sagen, dass Sie es nicht schaffen?" (E)

Müller: „Mein früherer Chef hat mich dann immer unter Druck gesetzt und dann hab ich nur noch mehr Fehler gemacht und bin erst recht nicht fertig geworden."

Er nickt: „Sie wollten die Aufgabe zu Ende zu führen, weil das Ihrer Vorstellung von Verantwortung entspricht?" (E)

Müller: „Ja."

Chef: „Frau Müller, mir ist auch wichtig, dass delegierte Aufgaben vollverantwortlich zu Ende geführt werden. Gleichzeitig möchte ich eine Chance haben, meine eigenen Vereinbarungen mit anderen einzuhalten. Haben Sie eine Idee, wie wir das künftig sicherstellen können?" (A)

Müller: „Ich weiß nicht. Ich dachte ja, ich schaffe es, aber es hat nicht geklappt."

Chef: „Heißt das, Sie wollen gerne die Verantwortung für delegierte Aufgaben übernehmen, fragen sich aber, wie Sie effizienter arbeiten können?" (E)

Müller: „Ja, schon."

Chef: „Nun, wie wär's, wenn wir es nächsten Monat noch mal versuchen. Einer von den alten Hasen, die das früher gemacht haben, Herr Kohlhaus, kennt sich sehr gut mit Tabellenkalkulation aus. Der kann Ihnen helfen, die Daten zu filtern. Wie ist das für Sie?" (A)

Müller: „Super, vielen Dank! Am liebsten möchte ich gleich anfangen."

Chef: „Können Sie, ich rufe Herrn Kohlhaus gleich mal an. Frau Müller, ich lege darauf Wert, dass Sie mich unverzüglich informieren, falls trotzdem Gründe eintreten, die Sie von der Einhaltung unserer Vereinbarung abhalten. Sind Sie damit einverstanden?" (A)

Müller: „Ja, Sie wollen, dass ich anrufe, wenn noch was zu retten ist und nicht erst, wenn Sie schon unter Druck stehen."

Auf einen Blick: Empathisch hören

- Wer mit Verständnisohren hört, erhöht die Wahrscheinlichkeit, für einen produktiven, für alle gewinnbringenden Gesprächsverlauf.
- Empathisches Hören hilft, die Bedürfnisse des anderen zu klären – der halbe Weg zur Win-win-Lösung.
- Bevor Sie einfühlsam auf andere eingehen können: Schenken Sie sich zunächst selbst Empathie.
- Stellen Sie Ihre eigenen Gedanken und Bedürfnisse hintan, solange Sie zuhören. So spürt Ihr Gesprächspartner, dass Sie sich ernsthaft für seine Sicht der Dinge interessieren.

Gewaltfreie Kommunikation im Alltag

Die Grundhaltung und die Elemente der GFK zu kennen, ist das eine – doch wie schaffen Sie es, dies konkret in beruflichen und privaten Begegnungen umzusetzen?

Im folgenden Kapitel erfahren Sie,

- wie Sie Beziehungsverflechtungen entwirren können, indem Sie sich klar werden, wofür Sie verantwortlich sind und wofür nicht,
- wie Sie die GFK in Ihren Alltag und Ihre Alltagssprache integrieren,
- wie Sie bei Konfliktgesprächen Schritt für Schritt vorgehen,
- wie konstruktive Gespräche in Unternehmen konkret aussehen und welche Chancen sie öffnen.

Wofür wir verantwortlich sind

Auf dem Weg vom Gegeneinander zum Miteinander stolpern wir nicht selten über allgemein akzeptierte Regeln der sogenannten realen Welt, die wir von Kindesbeinen an lernen. Einige davon sind eine fragile Sammlung gesellschaftlich verankerter Illusionen. Eine solche, besonders verbreitete ist: Wir sind für die Gefühle anderer verantwortlich. Können wir tatsächlich Gefühle bei anderen verursachen? Oder werden hier nicht vielmehr Auslöser (was wir sinnlich wahrnehmen) und Ursache (unsere Bedürfnisse und Gedanken) von Gefühlen verwechselt (siehe Abb. „Wie Gefühle entstehen" im Abschnitt „Gefühle statt Gedanken ausdrücken")? Scheinbar schwer entwirrbare Beziehungsgeflechte sind die häufige Folge. Wenn wir uns bewusst machen, dass wir die Verantwortung in Beziehungen nur für das tragen, worüber wir Kontrolle haben, haben wir einen entscheidenden Schritt zur Lösung bereits getan.

> Wir können nur Verantwortung übernehmen für etwas, worüber wir Kontrolle haben.

Ähnliches betrifft die Entscheidungen anderer. Haben Sie Kontrolle darüber, ob jemand raucht? Jeder, der bereits versucht hat, einen Raucher vom Nicht-Rauchen zu überzeugen, kennt die bittere Wahrheit: Wir haben über die Entscheidungen anderer Menschen ebenso wenig Kontrolle wie über deren Gefühle. Nein, sie alleine treffen diese Entscheidung. Einfluss haben wir, Kontrolle nicht.

Checkliste: Wofür wir verantwortlich sind	
Für die Existenz unserer spontanen Gefühle und Bedürfnisse und des ersten Gedankens.	Nein
Für das, was wir aus den spontanen Gefühlen machen – für unsere weiteren Gedanken, Ziele, Absichten Handlungen.	Ja
Für die Reaktion anderer.	Nein
Für unsere Reaktion auf die Reaktion anderer.	Ja

Spontane Gefühle, Bedürfnisse, erste Gedanken

Ihre spontanen Gefühle oder Bedürfnisse werden ausgelöst durch das, was Sie sinnlich wahrnehmen. Damit sind sie Fakt. Es hilft also nicht, damit zu hadern, dass Sie (oder andere) sie haben. Auch das blitzschnelle Entstehen Ihres ersten Gedankens entzieht sich Ihrer Kontrolle – er ist einfach da, ob er Ihnen nun gefällt oder nicht, z.B. „Was für ein A...!"

Ziele, Absichten, weitere Gedanken und Handlungen

Sie haben die Kontrolle darüber, was Sie aus der Wahrnehmung Ihrer Gefühle oder Ihren ersten Gedanken machen, Sie tragen also die Verantwortung dafür. Sie können bewusst

- weitere Gedanken „spinnen",
- Absichten hegen und Ziele entwickeln,
- entscheiden, wie viel Energie Sie investieren wollen,
- prüfen, was Ihr Anteil an der Situation ist und
- handeln.

Beispiel: Das Budget ist entschieden

Der Chef erzählt seinen Mitarbeitern, dass er die Entscheidung bezüglich des Budgets bereits mit dem Auftraggeber besprochen hat. Sie sagen mithilfe der GFK aufrichtig, was Sie fühlen und worum Sie bitten: „Ich bin entsetzt, wie diese Entscheidung entstanden ist, ich brauche mehr Respekt, wenn Entscheidungen getroffen werden, die mich betreffen. Sind Sie bereit, mich das nächste Mal vorher einzubinden?"

Die Reaktionen anderer

Angenommen, der Chef antwortet mit „Unverschämtheit! Ich bin nicht respektlos!" Sind Sie verantwortlich für seine Aussage? Nein, diese Handlung liegt in seiner Verantwortung. Offensichtlich hat er trotz Ihres Bemühens, Ihr Problem zu beschreiben, zu bitten und nicht zu fordern, eine Kritik gehört. Ihre Absicht, aufrichtig für sich zu sorgen, bleibt damit unbenommen. Die gesendete Botschaft ist eben nicht immer die empfangene Botschaft.

Ihre Reaktion auf die Reaktion anderer

Sie könnten nun innerlich mit einem moralischen Urteil antworten: „Wusst' ich's doch, er ist halt ein A...!" Damit hätten Sie die Augenhöhe verlassen und Ihre Chancen, wirklich gehört zu werden, würden vermutlich gegen Null gehen. Auch Ihrem Wunsch, aus Wertschätzung und Respekt bei zukünftigen Entscheidungen, die Sie betreffen, eingebunden zu werden, kommen Sie nicht näher. Die Beziehung, für deren Qualität Sie eine Mitverantwortung tragen, verschlechtert sich und gleichzeitig sorgen Sie nicht effizient für sich. Sie haben größere Chancen, das Gespräch konstruktiv weiterzuführen, wenn Sie empathisch wiedergeben, was Sie gehört haben.

Beispiel: Das Budget ist entschieden (Fortsetzung)

„Wollen Sie, dass gesehen wird, dass es Ihnen durchaus ein Anliegen ist, respektvoll mit den Interessen anderer umzugehen?" Chef: „Ja, klar!"

„Ich bin interessiert daran, welcher sicherlich gute Grund Sie davon abgehalten hat, mich in diesem Fall vorher einzubinden. Sind Sie bereit, mir den Grund offenzulegen?"

Chef: „Ich habe gedacht, ich würde Ihre Interessen mitvertreten. Doch ich sehe, dass dem offensichtlich nicht so gewesen ist – was können wir jetzt tun?"

Nun können miteinander Ideen entwickelt werden, wie die Kuh vom Eis geholt werden kann – das Vertrauen, gemeinsam Konflikte klären zu können, wurde gestärkt. Volle Verantwortung für meine Handlungen zu übernehmen, schließt meine Reaktion auf die Reaktion des anderen ein. In beiden Fällen tragen Sie die Verantwortung für Ihre Reaktion, da allein Sie über Ihre Handlungen bzw. Aussagen entscheiden.

> Sie wollen kündigen? O.K., die Sache ist damit vielleicht erledigt, aber nur so lange bis Sie einen anderen Chef finden, der Sie genauso wütend macht. (nach Andrew Matthews)

Beziehung vor Methode

Sie kennen nun die vier Elemente mit ihren Schlüsselunterscheidungen und wissen, wie sie in den Bereichen „sich aufrichtig zeigen" und „empathisch hören" angewendet werden können. Das Handwerkszeug für die Anwendung der GFK im Alltag haben Sie sich erworben. Doch wenn Sie andere „methodisch behandeln", ohne dabei Ihre eigentliche Absicht offen zu legen, werden Sie vermutlich abblitzen – obwohl Sie es gut meinen. Die meisten Menschen werden misstrauisch werden, sie anders als gewohnt sprechen zu hören, und Manipulation befürchten. Legen Sie offen, dass Sie daran interessiert sind, neue Wege zu gehen, die zu einer wertschätzenden Beziehung führen, in der sich die Interessen aller noch mehr erfüllen. Anfängerfehler wird man Ihnen so leichter nachsehen.

> Wenn Ihre Haltung gefestigt, wertschätzend und auf Augenhöhe ist, dann können Sie in jeder Sprache sprechen. Denn Ihr Gegenüber wird erkennen, dass Sie daran interessiert sind, Ihre Bedürfnisse nur dann zu erfüllen, wenn sich seine dabei auch erfüllen.

Auf Fachjargon verzichten

Beispiell: GFK nach Methode

Mutter: "Wenn ich mein Brötchen sehe, fühle ich mich nervös, denn ich habe ein Bedürfnis nach Geschmack. Wärst du bereit, mir die Butter und die Marmelade zu reichen?

Sohn: „Hallo Mutti, was ist denn bei dir schief gegangen?"

Mutter: „Ich versuche nur, gewaltfrei mit euch zu sprechen!"

Sohn: „Na, dann lieber gewohnt gewaltvoll!"

Auch wenn das Beispiel absichtlich überzeichnet ist: Wie können Sie die GFK so in Ihre Alltagssprache integrieren, dass Ihre Absicht klar wird und Sie authentisch bleiben? GFK ist ein Weg, andere zu erreichen. Es geht nicht darum, einen bestimmten Jargon zu sprechen, sondern eine Qualität von

Kontakt zu erreichen, die es Ihnen ermöglicht, anderen wertschätzend auf Augenhöhe zu begegnen. Wenn Sie nur streng methodisch sprechen, werden Sie als eine der ersten Reaktionen zu hören bekommen: „Wie reden Sie denn???" Verzichten Sie auf die Worte Beobachtung, Gefühl und Bedürfnis. Oder auch auf Sätze wie „Wenn ich ... sehe/höre, fühle ich, ..., weil ich ...". So klingt GFK-Sprache, die wir der Einfachheit halber zum Üben benutzen, in der Realität ist eine solche Sprechweise unnötig und führt tendenziell zu mehr Distanz.

Situativ angemessen bleiben

Variieren Sie die Elemente und lernen Sie, diese situativ zu kombinieren. Oft können wir auf Elemente verzichten, wenn Sie aus dem Kontext klar werden.

Beispiel: Nur Beobachtung und Bitte

„Ich kann keinen Eingang des Fax, das Sie mir zusenden wollten, erkennen. Wenn es nicht schon raus ist, schicken Sie es mir in der nächsten halben Stunde?"

GFK ist wie ein Werkzeugkoffer, den Sie jederzeit aus dem Schrank holen können. Wenn Sie einen Nagel einschlagen wollen, macht es Sinn, einen Hammer zu haben – nicht einen Schraubenzieher. Versuchen Sie nicht, der Situation das Werkzeug aufzudrücken, sondern nehmen Sie das zur Situation passende Werkzeug.

Kurz heißt verständlich

Tendenziell erleben wir das eigene Sprechen subjektiv kürzer, als wenn wir die gleiche Zeit zuhören. Daher sind wir geneigt, mehr Worte zu benutzen, als andere aufnehmen können. Beschränken Sie Ihre Aussagen auf ca. 40 Worte (das können Sie natürlich nicht mitzählen, nehmen Sie es vielmehr als groben Anhaltspunkt) und lernen Sie, mit klaren Bitten abzuschließen. Dies erhöht Ihre Verständlichkeit, legt den Blick aufs Wesentliche frei und die Bitte hält Ihren Gesprächspartner aufmerksam. Bei mehr als 40 Worten ohne konkrete Bitte wird er allmählich abschalten. Und wenn er höflich statt ehrlich ist, lässt er Sie weiterreden.

Sprache dem Gegenüber anpassen

Wenn Sie andere erreichen wollen, heißt das, nicht in Ihrer, sondern in der Sprache Ihres Gegenübers zu sprechen. Wenn Sie z.B. im Business-Umfeld Gefühle äußern, führt das nicht selten eher zu mehr Distanz als zu mehr Nähe. Hier kann es deshalb sinnvoll sein, Ihre Gefühle gar nicht anzusprechen oder die Ausdrücke so anzupassen, dass sie als akzeptabel empfunden werden können. Das gilt vor allem für Gefühle, die mit Schuldzuweisungen verbunden werden:

Beispiel: Gefühle ausdrücken im Arbeitsumfeld

Gefühlsausdrücke privat	Synonyme beruflich
ärgerlich	irritiert
frustriert	genervt
überfordert	unsicher
wütend	schockiert

Ähnliches gilt, wenn Sie im beruflichen Kontext Bedürfnisse äußern wollen.

Beispiel: Bedürfnisse umschreiben

Statt „Ich brauche Aufgeschlossenheit":

a) „Ich wünsche mir eine größere Bereitschaft für neue Ideen."
b) „Ich finde es schön, wenn sich Menschen für Neues öffnen."
c) „Ich habe Lust, etwas Neues auszuprobieren."

Statt „Brauchen Sie mehr Selbstbestimmung?":

a) „Fordert es Sie mehr heraus, das selbst zu versuchen?"
b) „Möchten Sie zeigen, dass Sie das selbst schaffen können?"

Das erfordert Übung. Nutzen Sie auch Synonyme, die in diesem Umfeld mehr Akzeptanz finden. Welche Worte im Einzelfall passen, ist zweifelsohne branchenabhängig. In Banken werden andere Ausdrücke verwendet als in Kindergärten.

Übersicht: Bedürfnisse im Arbeitsumfeld	
Begriffe Bedürfnisse privat	Synonyme beruflich
Aufrichtigkeit	Offenheit
Gemeinschaftlichkeit	Mitdenken
Inspiration	Anregungen
Klarheit	Klärung
Liebe	Wohlwollen
Rücksicht	Entgegenkommen
Selbstbestimmung	Selbstständiges Arbeiten
Spielen	Testen/etwas riskieren
Stimmigkeit	Integrität
Unterstützung	Kooperation/Entgegenkommen
Vertrauen	Transparenz
Unterstützung	Rückendeckung, Loyalität
Wertschätzung	Anerkennung, Würdigung des Beitrags

Auch für Beziehungsbitten, die elementar sind, um den Boden für eine Konfliktlösung mit Nachhaltigkeit zu ebnen, gilt: Passen Sie Ihre Sprache der jeweiligen Umgebung an.

Beispiel:

Beziehungsbitten	Im Arbeitsumfeld
„Wie geht es dir damit?"	„Wie ist das für Sie?"
	„Wollen Sie sagen, was gerade in Ihnen vorgeht?"
„Was hast du verstanden?"	„Ich brauche gerade eine Rückversicherung, ob ich verständlich war. Was ist denn bei Ihnen angekommen?"
	„Würden Sie mir ein Feedback geben, was von dem, was ich gesagt habe, für Sie wichtig ist?"

Bei allem gilt: Je größer die Vertrauensbasis mit dem Gesprächspartner ist, umso unwichtiger werden die Worte, die Sie benutzen.

Leitfaden für Konfliktgespräche

Wenn Sie an tragfähigen Lösungen interessiert sind, empfehle ich bei Themen, die Ihnen etwas bedeuten, den im Folgenden beschriebenen Idealprozess. Seien Sie frei, an jeder Stelle des Prozesses zu stoppen. Jeder Schritt für sich ist bereits wertvoll. Sie können den Konflikt also auch in Etappen angehen oder einzelne Teile in Ihre bisherige Vorgehensweise integrieren. In diesem Ablauf sind die verschiedenen Fertigkeiten integriert, die Sie auf den Seiten zuvor kennengelernt haben.

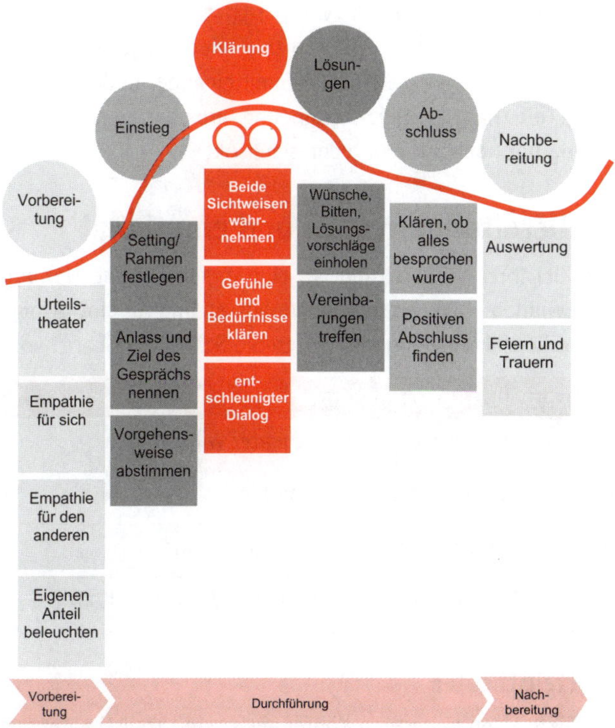

Bausteine erfolgreicher Konfliktgespräche

Da die meisten von uns schwierige Gespräche nicht jeden Tag führen, gliedere ich den Prozess in drei Teile (Vorbereitung, Durchführung und Nachbereitung) und dazugehörige Phasen und Schritte ein – so lässt er sich leichter durchlaufen. Die Abbildung macht deutlich: Der Höhepunkt eines Konfliktgesprächs ist nie die Lösung! Mit Höhepunkt meine ich, den (emotionalen) Durchbruch, wenn sich teilweise über Jahre aufgebaute Feindbilder auflösen und wieder zwei Menschen voreinander stehen, die einen Weg miteinander finden wollen. Wenn die Herz-zu-Herz-Verbindung erlebbar wird, ist die Lösung nur noch ein rein technischer Akt.

Vorbereitung: mental und emotional

Das Ziel Ihrer Vorbereitung ist, eine ergebnisoffene Haltung zu gewinnen – die wesentliche Voraussetzung für eine erfolgreiche Konfliktbewältigung. Gehen Sie Schritt für Schritt vor.

Leitfaden: Eine ergebnisoffene Haltung erreichen	
1	Heißen Sie Ihr Urteilstheater willkommen.
2	Schenken Sie sich Empathie.
3	Fühlen Sie sich in den anderen ein.
4	Beleuchten Sie Ihren eigenen Anteil am Konflikt.

1 Urteilstheater

Konflikte lösen in unseren Köpfen meist ein Urteilstheater aus (siehe Abschnitt „Beobachtung oder Interpretation?"), d.h. zahlreiche Gefühle, Bewertungen und Urteile, die sich in Ihrem Kopf „abspielen". Sehen Sie sich diese aus der Distanz an – und versuchen Sie, herauszufinden, was sie Ihnen sagen möchten: Nutzen Sie die Kraft Ihrer Gefühle, egal ob Wut, Ärger, Scham, Frust oder Resignation. Jeder Schmerz ist eine Aufforderung Ihres Körpers, sich ernst zu nehmen. Jedes Urteil hilft, Ihre unerfüllten Bedürfnisse zu erkennen. Setzen Sie sich nicht unter Druck mit Sätzen wie: „Nette Menschen werden nicht ärgerlich". Unterdrücken Sie diese wertvollen Gefühle nicht, sondern lernen Sie, sie zu nutzen.

2 Empathie für sich

Holen Sie sich das Verständnis für sich selbst, das Sie brauchen, um Feindbilder (von sich selbst oder dem anderen) abzubauen. Holen Sie sich jemanden dazu, der Ihnen empathisch zuhört oder geben Sie sich Selbstempathie. Graben Sie den Diamanten aus dem Sumpf: Übersetzen Sie Ihre Urteile in Gefühle und Bedürfnisse und prüfen Sie, welche davon Priorität haben. Trennen Sie Ihre Urteile von den Beobachtungen und vergewissern Sie sich, dass Sie sie ohne Bewertungen aussprechen. Falls nicht, mag da noch ein Gefühl oder Bedürfnis sein, das gehört werden will. Solange wir nicht genügend Empathie für uns erhalten haben, können wir nicht empathisch mit anderen sein. Setzen Sie sich also nicht unter Druck, Verständnis für andere zu haben, sondern sorgen Sie weiter für sich. Erst ist es sinnvoll, den nächsten Schritt zu gehen.

3 Empathie für den anderen

Was fühlt mein Gesprächspartner, was braucht er? Eine Möglichkeit, sich in den anderen einzufühlen, ist, sich vorzustellen: „Wenn ich Herr X bin, dann fühle ich gerade ... und brauche ...". Wenn Sie sich rein gar nicht vorstellen können, was in der anderen Person vorgeht, kann das in einem Rollenspiel auch jemand anderes für Sie übernehmen. Empathie ist besonders dann wichtig, wenn diese Person auf eine Art und Weise spricht, die es schwer macht, ihre Anwesenheit zu genießen. Denn das ist ein sicheres Zeichen, dass sie voller Schmerz ist und Empathie besonders benötigt. Üben Sie die Fähigkeiten, die Sie im realen Gespräch vermutlich benötigen. Hilfreich können dazu Rollenspiele sein: Ihr Gegenüber gibt Ihnen eine Antwort, die Sie aus seiner Sicht am meisten dabei herausfordert, empathisch zu reagieren. Üben Sie daraufhin, mögliche ausgelöste Urteile zu „parken" und jenseits der Worte auf die Gefühle und Bedürfnisse dahinter zu achten. Wenn Ihnen das nicht gelingt, gehen Sie in die Selbstempathie und übersetzen die geparkten Urteile nun in Gefühle und Bedürfnisse.

Beispiel: Empathie für den anderen

„Schön, dass Sie sich Zeit genommen haben für dieses Gespräch. Ich bin sehr interessiert daran, dass wir zwei unser Thema klären." Die Antwort, die Sie am meisten herausfordert: „Da gibt`s nicht viel klären. An allem sind Sie schuld. Bevor Sie kamen, gab es kein Problem hier in dieser Abteilung." Empathisches Hören: „Ist Ihnen wichtig, dass bei mir ankommt, wie frustrierend unsere Zusammenarbeit im Moment für Sie ist?" Alles andere Kriegsgeheul wurde hier gefiltert. Geparktes Urteil: „Mein Gott, wie überheblich, was denkt der eigentlich, wer er ist – der liebe Gott?" Selbstempathisches Übersetzen: „Puh, anstrengend, ich wünsche mir da mehr Augenhöhe."

4 Eigenen Anteil beleuchten

Was tragen Sie vielleicht selbst zu der Situation bei? Tun Sie etwas, was das Verhalten des anderen fördert? Dies können Sie am ehesten ändern – und zwar, wenn Sie sehen, welches

Bedürfnis Sie sich damit zu erfüllen versuchen – besonders, wenn die Strategie nicht tatsächlich Ihr Bedürfnis erfüllt.

Beispiel: Eigenen Anteil beleuchten

Ein drastischer, aber realer Fall: in einem TOP-500 Unternehmen mehren sich die Selbstmorde von Mitarbeitern. Als die Presse davon erfährt, stellt sich heraus, dass die Mitarbeiter von den Vorarbeitern beschimpft und angeschrieen werden. Sie könnten ja gehen, wenn sie nicht gehorchten. Die Firma habe genug Geld und Arbeiter. Auf einen weniger käme es da nicht an. Nach mehreren Zeitungsmeldungen reist der Konzernchef zur Pressekonferenz an den Produktionsstandort. Vor der verwunderten Presse schreit er sein Management an und beschimpft es.

Ich befürchte, sein Wunsch etwas zum Wohl seines Unternehmens und seiner Mitarbeiter beizutragen, führt eher dazu, dass die Mannschaft wiederholt lernt: „Hier ist es O.K., dass die höher Gestellten die Untergebenen anschreien und beschimpfen." Mit dieser Strategie fördert er unbewusst genau die Unternehmenskultur, die er vermeiden will. Wenn er wüsste, wie er seine eigentlichen Bedürfnisse erfüllen kann, ohne Gewalt anzuwenden – was würde ihn davon abhalten?

Beginnen Sie ein Konfliktgespräch so früh wie möglich. Je länger Sie warten, desto größer wird die Welle, die Sie zu reiten haben. Prüfen Sie dann Ihre Einstellung: Bin ich bereit, den anderen genauso ernst zu nehmen, wie mich selbst?

Das Gespräch führen

Oft kommen nochmal Aufregung und Anspannung, vielleicht sogar Zweifel, ob Sie dem Gespräch gewachsen sind. Daher empfiehlt sich, vorher etwas Zeit für Selbstempathie einzuplanen. Konzentrieren Sie sich darauf, was Ihnen heute möglich ist beizutragen, anstatt das Ergebnis im Kopf bereits vorwegzunehmen und sich damit unter Druck zu setzen. Der folgende Leitfaden soll Sie unterstützen, Ihren Konflikt zu einem für beide Seiten positiven Abschluss zu führen:

Leitfaden: Das Gespräch führen	
1	Einstieg – Setting und Rahmen – Anlass und Ziel klarstellen – Vorgehensweise absprechen
2	Klärung – Beide Sichtweisen wahrnehmen – Gefühle und Bedürfnisse klären – Entschleunigter Dialog
3	Lösungen – Wünsche, Bitten, Ideen einholen – Vereinbarungen treffen
4	Abschluss – Klären, ob alles besprochen wurde – Positiven Abschluss finden

1 Einstieg

Setting und Rahmen festlegen:

- Suchen Sie einen störungsfreien Raum, möglichst hell und gut belüftet. Stellen Sie Getränke bereit. Besser ist es, im

Winkel zueinander statt sich konfrontativ gegenüber zu sitzen.

- Legen Sie den Zeitrahmen fest: offenes oder festes (spätestes) Ende? Ist die Bereitschaft vorhanden, zum verabredeten Zeitpunkt ohne konkretes Ende abzubrechen? Bei längeren Gesprächen empfiehlt es sich, Pausen festzulegen.

Anlass und Ziel des Gesprächs klarstellen:

- Orientierung: Was ist der Anlass?
- Zielabgleich: Was soll Gutes am Ende rauskommen?
- Welches Thema hat welche Priorität?
- Was darf hier gar nicht passieren?

Vorgehensweise abstimmen:

- **Ablaufplanung:** Wer fängt an? Sind wir bereit, das Gehörte wahrzunehmen und widerzuspiegeln, auch wenn wir eine andere Sichtweise haben? Wenn wir keine Lösung haben, die akzeptabel ist, prüfen wir, wann wir weiter daran arbeiten. Wir bleiben bei dem einen Thema.
- **Spielregeln:** Wie streiten wir miteinander? Z.B. an den Fakten orientiert; alle Fakten, d.h. auch Gefühle und Bedürfnisse, dürfen auf den Tisch; Ich- statt Du-Botschaften; keine Beleidigungen; gegenseitige Unterstützung beim Lösen des Konflikts; Vertraulichkeit; Rückzug ist keine Lösung; nach x Versuchen holen wir uns Hilfe von dritter Seite: Moderator, Mediator, Kollege, Freund; schauen wir uns zwischendurch aus der Vogelperspektive an, wie's gerade läuft?

2 Klärung

Diese Phase ist geprägt vom Wechsel zwischen den zwei Bereichen der liegenden Acht (siehe Abschnitt „Wozu Gewaltfreie Kommunikation?"): „sich aufrichtig zu zeigen" mit dem, was Sie brauchen, und ggf. auch Ihren eigenen Anteil an der Situation zu offenbaren; und dem anderen Bereich: „empathisch hören" (was der andere braucht).

- **Beide Sichtweisen wahrnehmen:** Jede Wahrnehmung ist wahr und will wahr-genommen werden. Hören Sie zu, auch wenn in die Beobachtungen Wertungen gemischt werden. Die Wertungen sind lediglich Ausdruck von Gefühlen und Bedürfnissen, die ebenfalls Fakten sind. Legen Sie Ihre eigenen Beobachtungen offen. Wenn Sie nicht sicher sind, ob Sie dabei schon werten, sagen Sie es: „Ich möchte fair mit Ihnen umgehen, bin aber selbst noch so angespannt, dass ich mir nicht sicher bin, ob ich meine Interpretationen von den Fakten in jedem Fall getrennt halten kann. Ich bitte da um Nachsicht."
- **Gefühle und Bedürfnisse klären:** Bleiben Sie präsent, auch wenn das Gespräch anders verläuft als in Ihrem Vorbereitungsrollenspiel. Möglicherweise werden Ihnen im Gesprächsverlauf weitere Bedürfnisse klar. Hören Sie zu, wenn Botschaften kommen, die schmerzlich sind (ggf. geben Sie sich Selbstempathie, um wieder präsent sein zu können). Hören Sie dem anderen (auch still) empathisch zu. Ihr Interesse am anderen ist dabei wichtiger als Ihre Fähigkeit, Bedürfnisse zu erkennen. Solange der andere nicht erleichtert sagen kann „Ja, genau, darum geht es

mir!", ist nahezu jede Lösung verkehrt. Wenn Sie mehrere Bedürfnisse finden: Welches hat die höchste Priorität? Nehmen Sie sich Ihre Zeit dafür. Ergebnisoffenheit als Verhandlungshaltung: Bleiben Sie offen, neue Strategien zu finden, ohne dabei Ihre Bedürfnisse aufzugeben.

- **Entschleunigter Dialog:** Lösen Sie Konflikte entsprechend Ihrer Konfliktmanagement-Kompetenz und nicht in der Geschwindigkeit, mit der Sie Ihre tägliche Arbeit machen. Machen Sie es sich so einfach wie möglich. Wenn Sie Selbstempathie im Ablauf überfordert, erlauben Sie sich auch eine Pause, z. B. „Bitte geben Sie mir eine Minute, um das zu verdauen." Erlauben Sie sich auch Gesprächsunterbrechungen, z. B. „Ich befürchte, dass unser Gespräch gerade in eine Richtung läuft, die ich nicht möchte. Ich brauche eine Pause von 10 Minuten, um mich zu sortieren, O.K.?"

> Es ist bereits Mut, wenn man nicht sofort Ja oder Nein sagt, sondern um Bedenkzeit bittet.

Bleiben Sie hartnäckig daran, die Bedürfnisse beider Seiten zu klären und diese zwischendurch zusammenzufassen. Würdigen Sie den Zwischenerfolg gemeinsam.

3 Lösungen

Wünsche, Bitten und Lösungsideen einholen:

- Beide Seiten bestätigen noch einmal die Bedürfnisse.
- Sammeln Sie nun die Lösungsideen und Bitten z. B. mit Brainstorming, Mindmapping, 6 Hüte nach de Bono (siehe dazu den TaschenGuide „Kreativitätstechniken").

- Prüfen Sie gemeinsam, ob diese die Bedürfnisse erfüllen.
- Suchen Sie nicht nach der perfekten Lösung, sondern nach der, die in Ihren Toleranzbereichen liegt. Aber geben Sie sich auch nicht mit weniger zufrieden. Faule Kompromisse führen dazu, dass Sie das Ganze nach kurzer Zeit neu aufrollen dürfen.

Vereinbarungen treffen (schriftlich):

- Was wurde konkret vereinbart (messbar!)?
- Von wem wird es ausgeführt und bis wann?
- Wer prüft, dass die Vereinbarung eingehalten wird? (Z.B. ein neutraler Kollege)
- Was ist die Konsequenz, wenn die Abmachung nicht eingehalten wird? (Z.B. Unterstützung hinzuziehen)

Wenn Sie geklärt haben, wie Sie zum Thema verbleiben, können Sie nun prüfen, ob Sie ein weiteres Thema angehen.

4 Abschluss

- **Klären, ob alles besprochen wurde:** Manchmal kommen erst nach einiger Zeit die wichtigen Punkte auf den Tisch. Es gibt eine Regel, die besagt, dass wir am Telefon erst als Drittes unser wahres Anliegen nennen. Auch wenn ich diese These nicht immer bestätigen kann, führt doch der Vertrauensaufbau im Laufe eines Gesprächs dazu, dass Menschen sich öffnen. Achten Sie darauf, dass keine wesentlichen Dinge unausgesprochen bleiben: „Gibt es noch etwas, von dem Ihnen wichtig ist, dass ich es weiß, bevor wir auseinandergehen?" So können Sie sicher sein,

Ihres getan zu haben, damit keine offenen Probleme bleiben.

- **Positiven Abschluss finden:** Feiern Sie die gemeinsamen Anstrengungen und würdigen Sie Ihre Beiträge zu einer einvernehmlichen Lösung. Dies gilt ganz besonders, wenn Sie den Prozess abbrechen, weil Sie z.B. die Bedürfnisse nicht klären können oder keine befriedigende Lösung gefunden haben. Ein positiver Abschluss erleichtert den Start in die nächste Gesprächsrunde.

Nachbereitung – die beste Vorbereitung

1 Auswerten

Nach dem Gespräch ist vor dem Gespräch. Planen Sie, idealerweise von Beginn an, Zeit zur Nachbereitung ein. Direkt nach dem Gespräch erinnern Sie sich leichter an das Geschehene, Sie können leichter Fakten statt Interpretationen benennen. Die Nachbereitung ist wichtig, damit Sie aus Ihren Erfahrungen lernen und mit jedem Gespräch kompetenter werden. Sie könnten noch einmal mit Ihren Schuldohren beschäftigt sein: Was ist Ihnen nicht so gelungen, wie Sie es wollten? Was hat der andere gesagt, das Sie aufregt? Was beschäftigt Sie noch bezüglich des Themas?

2 Feiern und Trauern

Auch wenn das Ergebnis oder die Lösung eines Gesprächs ein wichtiger Bestandteil ist, den es zu sehen gilt, so ist für den Ausbau Ihrer Fähigkeiten eine Auswertung sinnvoll, die sich nicht so sehr auf das Ergebnis konzentriert, als auf den Prozess, Ihre Haltung und was Sie daraus lernen. Versuchen

Sie, z.B. folgende Fragen zu beantworten unter den drei Aspekten: Gelungen! – Besser? – Wie?

Checkliste: Aus dem Konfliktgespräch lernen

- Was genau habe ich getan, das ich gelungen nenne?
- An welche Erfahrung aus dem Gespräch möchte ich mich gerne erinnern?
- Was habe ich während des Gesprächs gelernt? Was lerne ich jetzt aus dem Gespräch?
- Welche wichtigen Entscheidungen habe ich getroffen in der Vorbereitung und im Gespräch selbst?
- Was möchte ich gerne beim nächsten Gespräch anders machen und wie genau würde das aussehen? Welches Bedürfnis wäre dadurch erfüllt?

Da die meisten von uns gelernt haben, in der Fülle nur den Mangel zu sehen, empfehle ich, viel Aufmerksamkeit dem zu widmen, was gelungen ist. Oft sind das 90 % und wir verbringen Stunden, Tage oder Wochen mit der Analyse der restlichen 10 %. Was wir von Topsportlern lernen können: Versuchen Sie, sich die erfüllenden Aspekte 15 bis 20 Minuten lang intensiv ins Gedächtnis zu rufen und sie zu feiern! Das wird Ihnen das Selbstvertrauen für das nächste Konfliktgespräch geben. Je öfter Sie Ihre Anstrengungen würdigen, Ihre Selbstachtung erhalten, auch wenn das Ergebnis anders ist, als gewünscht, desto leichter wird es Ihnen fallen, aus Konfliktgesprächen zu lernen – die beste Vorbereitung fürs nächste Mal!

Beispiel: Auswertungsnotizen

Dreimal meine Angst überwunden.

Eine ergebnisoffene Haltung mitgebracht.

Auch im Prozess nicht versucht zu kontrollieren, was ich nicht kontrollieren kann: das Ergebnis.

Mir zweimal Selbstempathie gegeben, statt mir Vorwürfe zu machen.

Bedauern bedeutet, dass Sie sich auch bewusst sind, welche Bedürfnisse Sie sich nicht erfüllen konnten. Und was Sie tun können, dass sich diese beim nächsten Mal erfüllen. Statt: „Ich bin ausfallend geworden." besser: „Ich möchte mehr in Einklang mit meinen Werten handeln." Wie? „Ich werde beim ersten inneren Anzeichen deutlich machen, dass ich an meine Grenzen komme und um eine Aus- oder Bedenkzeit bitten."

> Der effizienteste Weg zu Minderwertigkeitsgefühlen und Depression ist der Versuch, perfekt zu sein.

Konstruktive Gespräche im Unternehmen

Beispiel: Barrakuda auf Seebarbenjagd

In einem Aquarium sind ein Barrakuda und eine Seebarbe nur durch eine Glasscheibe voneinander getrennt. Der Barrakuda versucht blitzschnell, auf die Seebarbe loszugehen und prallt immer wieder mit voller Wucht gegen die Trennwand. Nach einigen Wochen setzt der Barrakuda die Seebarbenjagd mit Schmerz gleich und hört auf, ihr nachzujagen. Die Glasscheibe kann herausgenommen werden und der Barrakuda bleibt Zeit seines Lebens auf seiner Aquariumsseite. Lieber verhungert er, als noch mal zu versuchen, seine Grenzen zu überschreiten.

In Anlehnung an den Erfolgsautor Andrew Matthews spiegelt dieses Experiment des Woods Hole Oceanographic Institute die Geschichte vieler Menschen wieder: Wir treffen auf Eltern, Lehrer, Freunde und Medien, die uns verdeutlichen, was wir können und dürfen und was nicht. Doch am meisten begrenzen wir uns durch unsere eigenen Überzeugungen. Wir schaffen uns Grenzen, die wir für die Wirklichkeit halten, energisch verteidigen und nicht überschreiten. Gerade im beruflichen Umfeld begnügen wir uns aufgrund von Hierarchien und „Sachzwängen" mit Dauerlösungen, die uns weder zufriedenstellen noch motivieren. Was lernen andere dadurch, dass wir nichts sagen? Sie lernen: „Es ist O.K., wie es ist." Welchen Grund haben sie, etwas zu ändern? Keinen!

Mit GFK zu neuen Lösungen

Je mehr Menschen sich in einer Organisation verstärkt der GFK bedienen, umso schneller und deutlicher werden Veränderungen in der Atmosphäre und der Kultur spürbar werden: Größere Offenheit und Aufrichtigkeit halten Einzug. Vielleicht kommen Themen auf den Tisch, die früher üblicherweise unter den Tisch fielen. Da mit der GFK die Bedürfnisse und die Befindlichkeiten aller Beteiligten konstruktiv sichtbar gemacht und bestmöglich berücksichtigt werden, können zufriedenstellende, nachhaltige Lösungen gefunden werden (Win-win). Aus diesen positiven Erfahrungen heraus resultieren mehr Selbstvertrauen bei jedem einzelnen, mehr Verständnis für andere und mehr gegenseitiges Vertrauen.

Vertrauen aufbauen

Vertrauen wirkt in Organisationen wie Öl im Getriebe: Absprachen erfolgen direkt und zeitnah, Informationen werden bereitwillig geteilt und weitergegeben, bei Schwierigkeiten werden kreativ und konstruktiv Lösungen gesucht, Entscheidungsprozesse laufen effizient und zielorientiert ab. Vertrauen führt zu mehr Sicherheit und Zufriedenheit bei den Mitarbeitern, was sich in niedrigeren Fehlerquoten und geringeren Fehlzeiten niederschlägt, also kostensenkend wirksam wird. Die GFK ist ein sehr effizientes Mittel, Vertrauen im Unternehmen aufzubauen.

Kosten reduzieren

Die Kostenseite von Konflikten und Fehlkommunikation ist noch wenig erforscht und daher kaum seriös bezifferbar. Eine Studie der KPMG kommt zu dem Ergebnis, dass die Kosten von Konflikten den Unternehmen nur zu Bruchteilen bekannt sind und dann häufig drastisch unterschätzt werden. Eine wesentliche Erkenntnis der Studie ist: „Besonders durch entgangene Aufträge, unbesetzte Stellen und Probleme bei der Projektarbeit entstehen signifikant hohe Kosten." (Konfliktkostenstudie – Die Kosten von Reibungsverlusten in Industrieunternehmen, 2009 KPMG AG, S. 29). Untersuchungen im Auftrag der österreichischen Wirtschaftskammer ergaben, dass die Unternehmer bei positivem Umgang mit Konflikten „das Verbesserungspotenzial auf durchschnittlich 19,1 % der jeweiligen Kostenbasis" bei kleinen und mittelgroßen Unternehmen schätzen („Studie Konfliktkosten – Neue Wege der Ergebnisverbesserung" aus 2006, S. 1).

Aus Beispielen lernen

Folgende Beispielgespräche zeigen Ihnen zwei Situationen aus dem betrieblichen Umfeld: ein Mitarbeitergespräch und ein Konfliktgespräch zwischen Chef und Mitarbeiter. In vielen Fällen würden diese Gespräche zu Vertrauensverlust (auf beiden Seiten) und/oder Demotivation des Mitarbeiters führen. Wir zeigen Ihnen, wie diese Situationen eine ganz andere – ungewohnte – Wendung nehmen können, indem einer der jeweils zwei Teilnehmer GFK anwendet.

Ein Mitarbeitergespräch: "Der Bonus wird gekürzt"

In vielen Unternehmen ist es gängige Praxis, einmal im Jahr ein Mitarbeitergespräch (auch Beurteilungs- oder Zielerreichungsgespräch) zwischen Vorgesetztem und Mitarbeiter zu führen. Nicht selten finden diese Gespräche in eher unangenehmer Atmosphäre statt. Gründe gibt es dafür viele:

- das Machtgefälle – der Chef entscheidet über die Position und das Gehalt des Mitarbeiters (mit),
- Informationsungleichgewicht – der Chef hat meist deutlich mehr Wissen über die Zahlen, Strategien und Perspektiven des Unternehmens,
- Unsicherheit beider hinsichtlich des Umgangs mit Kritik – Angst vor Kritik und Angst, sie zu äußern,
- Unsicherheit hinsichtlich der Beziehung – mangelndes gegenseitiges Vertrauen.

Der Chef, Herr Gräf, ist unzufrieden mit den Ergebnissen seines Mitarbeiters, Herrn Wendel. Herr Gräf hat die Aufgabe, seinem Mitarbeiter mitzuteilen, dass der Bonus auf Grund eines verspätet fertiggestellten Projektes nicht gezahlt wird. Für Herrn Gräf steht fest: Er wird nicht mit sich handeln lassen. Herr Wendel hat sich intensiv mit GFK beschäftigt und ist motiviert, seine neuen Fähigkeiten einzusetzen.

Nach einer kurzen Begrüßung kommt der Chef gleich auf den Punkt: „Herr Wendel, bezugnehmend auf unsere letzte Zielvereinbarung ist aufgrund des verspäteten Projektabschlusses die Voraussetzung für die Auszahlung des Bonus nicht erreicht. Ich gehe davon aus, dass Ihnen das klar ist. Da ist ja wirklich so einiges schief gelaufen."

Herr Wendel ist sehr enttäuscht. Er hatte damit gerechnet, dass er seinen Bonus trotz des Zeitverzugs erhält, da die auslösenden Faktoren nicht von ihm zu verantworten waren und er einen sehr hohen Arbeitseinsatz gezeigt hatte. Er braucht einige Sekunden, damit sich die Enttäuschung etwas setzt, und er fragt sich, welche seiner Bedürfnisse nicht erfüllt sind. Ihm kommen Begriffe wie Großzügigkeit, Fairness, Anerkennung. Innerlich sagt er sich: Puh das hat wehgetan. Ich bin enttäuscht und traurig. Ich hätte mir Anerkennung gewünscht. Ja, Anerkennung, darum geht es mir. Es geht mir nur vordergründig ums Geld.

> Fehlende Wertschätzung lässt sich nicht durch sachliche Zugeständnisse ersetzen. (Marshall B. Rosenberg)

Herr Wendel macht sich also an dieser Stelle seine Gefühle bewusst und sucht nach den unbefriedigten Bedürfnissen, die sie ausgelöst haben. Dabei wird ihm klar, dass es ihm gar nicht in erster Linie um Geld geht. Gleichzeitig gibt er sich Selbstempathie.

Mit dieser Klarheit sagt er zu seinem Chef: „Herr Gräf, ich bin sehr enttäuscht, das zu hören. Denn mir ist die Anerkennung meines hohen Arbeitseinsatzes sehr wichtig. Können Sie das nachvollziehen?"

Der Chef reagiert ungehalten: „Unsere Vereinbarung ist ganz klar, ich habe da keinen Spielraum – das wissen Sie doch! Das Projekt ist nicht rechtzeitig fertig geworden und daher gibt es keinen Bonus. So sind hier nun mal die Spielregeln. Punkt!"

Herr Wendel spürt den Ärger seines Chefs sowie seinen eigenen Ärger auf dessen Antwort. Schnell ist ihm klar, was ihm in dem Moment fehlt: Umgang auf Augenhöhe, Respekt, Anerkennung. Herr Wendel fragt sich, ob er in der Lage und bereit ist, empathisch auf seinen Chef einzugehen, um in Verbindung mit ihm zu kommen. Herr Wendel spürt, dass er das will und stellt bewusst sein Thema einen kleinen Moment zurück. Er sagt: „Klingt, als würden Sie sich an dieser Stelle mehr Handlungsspielraum wünschen?"

Gräf: „Nein, ich brauche keinen Spielraum. Die Vereinbarungen sind sehr klar und eindeutig, auch wenn das eine außergewöhnliche Situation war, wo viele ungünstige Faktoren zusammenkamen. Sie haben bisher immer einen guten Job gemacht und dieses Mal ist es bei Ihnen nicht so toll gelaufen. Das muss auch Konsequenzen haben, das ist doch nur fair! Ich bekomme ja genauso meinen Bonus gekürzt, obwohl ich mein Bestes versucht habe!" Der Chef ist immer noch sauer, aber gleichzeitig gewissermaßen überrascht. Er hatte erwartet, dass sich Herr Wendel gegen die Entscheidung wehrt.

Herr Wendel bleibt empathisch und fasst nach: „Mmh, geht es Ihnen darum, dass besonders gute Leistungen anerkannt werden und dass dies auf Basis einer transparenten, fairen Regelung geschieht?"

Chef: „Aber selbstverständlich! Sonst wird das ganze System völlig willkürlich! Dann macht hier doch jeder, was er will!"

Wendel: „Verstehe ich Sie richtig – es ist Ihnen wichtig, dass Absprachen eingehalten werden und dass alle an einem Strang ziehen?"

Herr Gräf beugt sich vor und sagt: „Ja genau, das ist's!" Er schaut Herrn Wendel nachdenklich an. „Wissen Sie, bei Ihnen habe ich den Eindruck, dass Sie mit mir an einem Strang ziehen, auch wenn Sie manchmal etwas sonderbar sind ..."

Herr Wendel muss schmunzeln. Er spürt die Anerkennung, die Herr Gräf für ihn in diesem Moment hat. Auch die Beschreibung als „sonderbar" nimmt er als Kompliment, er hört daraus Respekt für seine Person und seine Art, auf seinen Chef einzugehen. Da hört er Herrn Gräf in fast kollegialem Ton sagen: „Ich hoffe, das bleibt so!? Es stehen ja die nächsten Herausforderungen an."

Herr Wendel spürt jetzt eine gewisse Verbindung zu seinem Chef und antwortet ihm ganz offen: „Ich freue mich über die Anerkennung, die ich aus Ihren Worten entnehme – vielen Dank! Ich möchte gern bei den weiteren Herausforderungen mit Ihnen und den Kollegen gemeinsam an einem Strang ziehen. Andererseits möchte ich eine erneute Enttäuschung vermeiden. Ich bräuchte eine konkrete Vorstellung, wie wir das sicherstellen könnten. Sind Sie dafür offen?"

„Oh, ich sehe da kaum eine Möglichkeit – aber Sie als Systemtheoretiker sind da vielleicht erfinderischer als ich!", entgegnet der Chef schmunzelnd.

Wendel: „Ja, ich habe eine Idee, wie wir in die Zielerfüllung zukünftig einen Ausgleich für besondere Schwierigkeiten im Projektablauf einfließen lassen könnten. Das würde aus meiner Sicht zu mehr Fairness für alle führen. Es sieht folgendermaßen aus ..." Herr Gräf freut sich über die produktive Wendung des Gesprächs und unterbricht Herrn Wendel: „Jetzt habe ich leider gleich den nächsten Termin, aber wir könnten ja morgen Mittag zusammen essen gehen und dabei Ihre Ideen besprechen."

Herr Wendel ist ganz überrascht, da sein Chef selten mittags essen geht, schon gar nicht mit seinen Mitarbeitern. „Das freut mich, dass Sie sich dafür Zeit nehmen wollen – sehr gerne!" Sie verabschieden sich und Herr Wendel verlässt das Chefzimmer. Er fühlt sich erleichtert und ist stolz über die besondere Aufmerksamkeit seitens seines Chefs.

Anhand dieses Dialoges wird deutlich, wie ein Gespräch auch in schwierigen Situationen ohne Urteile und Schuldzuweisungen ablaufen kann, selbst wenn nur einer der Gesprächsteilnehmer in der GFK geübt ist. Aus einer schwierigen Anfangssituation wird durch Empathie und aufrichtige Mitteilung ein konstruktives, lösungsorientiertes Gespräch mit Zukunftsperspektiven.

Ein gelungenes Konfliktgespräch: „Da kann man nichts machen"

Herr Herrmann ist seit sechs Wochen in der neuen Firma und stellt heute die Ergebnisse seiner Arbeit auf der Vorstandssitzung vor. Kurz nach Beginn seines Vortrags, den er mit Powerpoint-Grafiken zu untermauern versucht, unterbricht ihn der Vorstandsvorsitzende Herr Kuhn lautstark: „Ich will diesen Mist nicht sehen, hören Sie auf!"

Herrmann, erschrocken: „Äh, ja gut, Sie wollen nichts mehr hören? Ich dachte, Sie interessiert das?" Er schaltet den Projektor aus, packt die Leinwand zusammen und will gehen. Herr Kuhn: „Was ist denn jetzt los, wieso gehen Sie raus?"

Herrmann: „Na, ich dachte, Sie haben doch gerade gesagt ..."

Kuhn: „Ich habe gesagt, ich will das nicht sehen, nicht ich will das nicht hören!"

Herrmann: „Aha, ich soll's erzählen?" – Kuhn: „Ja."

Also erzählt er noch verunsichert die Details seiner Arbeit.

Am nächsten Tag verkriecht sich Herr Herrmann in sein Büro, die Gedanken kreisen in seinem Kopf. Er merkt, dass er nicht wirklich an seinem Projekt arbeiten kann, weil ihm diese Präsentation nicht aus dem Kopf geht. Feindbilder entstehen: „Das darf ich mir nicht gefallen lassen!", „Was denkt der denn, wen er vor sich hat?!" Herr Herrmann beschließt, sich Selbstempathie zu geben, schreibt alle Urteile und Gefühle auf. Allmählich beruhigt er sich und erkennt das wesentliche Bedürfnis, das dahinter liegt: respektvolles Miteinander. Nun versucht er, sich in Herrn Kuhn einzufühlen – er merkt: So richtig gelingt ihm das nicht. Er rätselt immer noch, was Herrn Kuhn bewegt hat, so zu reagieren. Er bittet die Chefsekretärin um einen persönlichen Termin bei ihm.

Freudestrahlend erzählt er seinen Kollegen, dass er morgen einen Termin habe bei Herrn Kuhn. Völlig entgeistert sagt Franz zu ihm: „Bist du des Wahnsinns, das kannst du doch nicht machen! Weißt du denn nicht, wer das ist?"

Herrmann: „Na, klar, der Vorstandsvorsitzende!"

Franz: „Weißt du nicht, was der mit dir machen wird? Da kannst du auch gleich kündigen!"

Herrmann: „Was meinst du damit?"

Franz: „Na, schon mal aufgefallen, dass der nie in der Kantine isst, wie die anderen Vorstände. Der mag mit uns Normalsterblichen nichts zu tun haben! Akzeptiere was war, da kann man nichts machen!"

Herr Hermann fängt an zu zweifeln, ob es eine gute Idee war, um diesen Termin zu bitten. Er fragt sich, warum er trotzdem in das oberste Stockwerk gehen will. Es kommt ihm das Wort „Integrität" in den Sinn. „Ja genau, ich will meine Werte leben." Er stellt sich die Frage: „Bin ich bereit, für mich zu gehen und dafür die Konsequenzen zu tragen, auch wenn das bedeutet, die Stelle zu verlieren?" Ein klares Ja tönt ihm innerlich entgegen. „Was macht mich so sicher? – Ich glaube, wenn es mir gelingt, ihn als Mensch und nicht als ‚Vorstandsvorsitzenden' zu sehen, dann wird er mich hören."

Kuhn: „Nun, Herr Herrmann, was wollen Sie mit mir besprechen?"

Herrmann: „Erst mal vielen, Dank, dass Sie sich die Zeit für mich nehmen. Bei unserer Besprechung vorgestern waren Sie ziemlich unzufrieden mit meiner Präsentation? Ich möchte gerne lernen, was daran so schlecht war, denn vielleicht ist in zwei Monaten wieder eine Präsentation zu machen. Sind Sie bereit, mich das wissen zu lassen?"

Kuhn: „Nun, ich kann diese ganzen Bildchen nicht ausstehen!"

In Herrn Herrmanns Kopf hämmern die Worte: „Höre nie die Worte, höre die Gefühle und Bedürfnisse dahinter." – „Nein, jetzt keine Gründe bringen, weshalb du dir so viel Mühe gegeben hast, das in Grafiken umzusetzen. Erst ihn verstehen."

> Echte Kommunikation ist eine Einstellung. Sie erfordert, dass man mehr zuhört als man spricht. (Jack Welch, ehemaliger CEO General Electric)

Herrmann: „Also, Sie können die Bildchen nicht ausstehen?" Er hat noch immer keinerlei Ahnung von den Bedürfnissen des Chefs, aber besser bekommt er es im Moment nicht hin.

Kuhn: „Ja, genau, haben Sie eine Ahnung, wie oft ich meinen Führungskräften sage, dass unsere Mitarbeiter Ihre Zeit nicht mit so einem Kram verschwenden sollen? Wir bezahlen die Leute nicht, damit sie Bildchen malen, sondern damit sie arbeiten."

Herr Hermann konzentriert sich auf „Gefühle und Bedürfnisse!!!" Und da dämmert es ihm: „Ach, wenn ich Sie richtig verstehe, brauchen Sie die Sicherheit, dass die Mitarbeiter ihre Zeit sinnvoll nutzen zum Wohl der Firma? Und das bedeutet für Sie, konsequent Wert auf den Inhalt und nicht auf die Form zu legen?"

Kuhn: „Das kann man wohl sagen!"

Herrmann: „Und deswegen ist Ihnen bei Präsentationen so wichtig, dass Ihre Idee sichtbar wird, wie die Firma zum Wohl aller zu führen ist?"

Kuhn: „So ist es! Haben Sie eine Ahnung wie oft ich den Vorstandskollegen predige, dass sie auf solche Auswüchse achten und sie unterbinden sollen?"

Herrmann: „Klingt so, als wäre das ziemlich frustrierend, das immer wieder anzusprechen?" Herr Kuhn nickt.

Herrmann: „Herr Kuhn, ich hab da noch was, was mir schwer fällt anzusprechen, mir aber ganz wichtig ist."

Kuhn: „Schießen Sie los!"

Herrmann: „Ich habe versucht, meine Worte mit Powerpoint verständlicher zu machen, denn manchmal sagen Bilder mehr als 1000 Worte. Und (sein Herz pocht) ich merke, ich bin immer noch entsetzt, wie Sie mich vor den anderen angesprochen haben. Wenn Sie mit etwas von mir nicht einverstanden sind, würde ich mehr Sicherheit bekommen, wenn Sie mir dies unter vier Augen sagen, z.B. mich im Meeting hinaus bitten und mir das vor der Tür sagen. Wären Sie dazu bereit?"

Stille im Raum. Herr Kuhn schaut Herrn Herrmann an und nach Momenten, die sich wie Ewigkeiten anfühlen: „Heißt das, Herr Herrmann, dass Sie mir widersprechen wollen?" Herr Herrmann sieht einen blauen Brief in Zeitlupe in sein Postfach segeln. Er prüft sich, ob er ehrlich sein will oder unterwürfig: „Hm, ich glaube ja."

Kuhn: „Da sind Sie der Erste hier im Haus."

Herr Herrmann schluckt, er hat keine Ahnung, was er noch sagen könnte. Wieder vergehen gefühlte Ewigkeiten, bis Herr Kuhn sagt: „Machen Sie weiter so!"

Kurz zweifelt Herr Herrmann, ob das wirklich so oder ironisch gemeint ist. Bis Herr Kuhn, der im Unternehmen als Perfektionist bekannt ist, anfängt: „Wissen Sie eigentlich, wie schwer das ist, so ein Unternehmen zu führen? Manchmal bin ich echt frustriert, wie ich rüberbringen kann, worum es mir geht. Dabei gibt es so viele unreflektiert übernommene Ideen im Management, wie Unternehmen zu führen sind."

Ein gelungenes Konfliktgespräch! Herr Herrmann hat es geschafft, empathisch zuzuhören. Damit hat er das Vertrauen von Herrn Kuhn gewonnen und konnte ihm seine Gefühle und Bedürfnisse mitteilen, ohne dass sich Herr Kuhn angegriffen fühlte. Seine Haltung hat ihn dabei unterstützt, Herrn Kuhn auch in schwierigen Momenten als Mensch zu sehen, jenseits von Rolle und Position.

> In jedem Moment haben wir die Wahl. Manche Wahlmöglichkeit mag uns nicht gefallen. Die Wahl zu treffen, für uns unter widrigsten Momenten zu sorgen, fällt uns leichter, wenn wir uns klar sind über unsere Bedürfnisse und Werte, wenn wir eine innere Klarheit haben, wie wir leben wollen. (Marshall B. Rosenberg)

Auf einen Blick: GFK im Alltag

- Es kommt nicht auf einzelne Worte an, sondern auf die Haltung und die Beziehung zu Ihrem Gesprächspartner.
- Bereiten Sie sich auf ein Konfliktgespräch mental und emotional vor. Klären Sie Ihre Gefühle und Bedürfnisse und fühlen Sie sich in den Gesprächspartner ein. So erreichen Sie eine ergebnisoffene Haltung.
- Klären Sie zu Beginn des Gesprächs gemeinsam den Anlass, das Ziel und die Spielregeln.
- Halten Sie die Ergebnisse schriftlich fest und finden Sie einen positiven Abschluss.
- Notieren Sie in der Nachbereitung, was alles gut gelaufen ist – so lernen Sie für spätere Gespräche.

Literatur

Bryson, K.: Sei nicht nett, sei echt!, Paderborn, 2009
Covey, S. R.: Die 7 Wege zur Effektivität, Offenbach, 2013
Glasl, F.: Selbsthilfe in Konflikten, Stuttgart, 2007
Harris, T. A., Brender I.: Ich bin OK, Du bist OK, Reinbek, 2007
Lipton, B.: Intelligente Zellen, Burgrain, 2009
Matthews, A.: Tu, was dir am Herzen liegt, Kirchzarten/F., 2010
Max-Neef, M. A.: Human Scale Development, New York, 2005
Morris, D.: Das Tier Mensch, Köln, 1996
Rosenberg, M. B.: Gewaltfreie Kommunikation, Paderborn, 2012
Rosenberg, M. B., Seils, G.: Konflikte lösen durch Gewaltfreie Kommunikation, Freiburg/i.B., 2004
Ury, W.: The Third Side, New York, 2000

Stichwortverzeichnis

Impressum

Bibliografische Information der Deutschen Nationalbibliothek
Die Deutsche Nationalbibliothek verzeichnet diese Publikation in der Deutschen Nationalbibliografie; detaillierte bibliografische Daten sind im Internet über http://dnb.dnb.de abrufbar.

Print: ISBN: 978-3-648-07838-9 Bestell-Nr.: 00340-0003
ePub: ISBN: 978-3-648-07839-6 Bestell-Nr.: 00340-0102
ePDF: ISBN: 978-3-648-07840-2 Bestell-Nr.: 00340-0152

Andreas Basu, Liane Faust
Gewaltfreie Kommunikation
3. Auflage 2015

Redaktionsanschrift: Fraunhoferstraße 5, 82152 Planegg/München
Telefon: (089) 895 17-0
Telefax: (089) 895 17-290
Internet: www.haufe.de
E-Mail: online@haufe.de
Lektorat: Gisela Fichtl, Sylvia Rein
Redaktion: Jürgen Fischer
Redaktionsassistenz: Christine Rüber

Satz und Druck: Beltz Bad Langensalza GmbH, 99947 Bad Langensalza
Umschlag: Simone Kienle, Stuttgart
Umschlagentwurf: RED GmbH, 82152 Krailling

Die Autoren

Andreas Basu

Dipl.-Ing., 20 Jahre lang in Führungspositionen tätig, ist selbstständiger Trainer und Unternehmensberater. Er ist zertifizierter Trainer für Gewaltfreie Kommunikation (GFK) und arbeitet seit Jahren mit dem Begründer der GFK, Dr. Marshall B. Rosenberg, in Seminaren zusammen. Sein Unternehmen widmet sich den Schwerpunkten Beziehungs- und Konflikt-Intelligenz. Er bietet Kurse und Ausbildungen an für alle, die ihre Persönlichkeit weiterentwickeln wollen, wie z.B. Führungskräfte, Trainer, Coaches und Menschen in Sozialberufen. **Website:** www.basu.de

Liane Faust

Diplom-Betriebswirtin, langjährige Berufserfahrung im Finanzbereich. Sie ist Wirtschafts-Mediatorin (BMWA) und Coach und leitet das Unternehmen rw-cct gmbh, das Trainings für Konfliktlösung, Gewaltfreie Kommunikation und Führung anbietet. **Website:** www.rw-cct.de

Liane Faust war an der Konzeption des TaschenGuides beteiligt. Von ihr stammen die Abschnitte „Mit GFK zu neuen Lösungen" sowie „Ein Mitarbeitergespräch".